LE
PAUPÉRISME
EN FRANCE

SUIVI DE

MOYENS AUSSI SIMPLES QU'INFAILLIBLES D'EN RESTREINDRE
CONSIDÉRABLEMENT L'ÉTENDUE

PAR

EUGÈNE GUIGNOT

CHEVALIER DE LA LÉGION D'HONNEUR.

Crescite, multiplicamini, implete et
subjecite universam terram.

Croissez, multipliez-vous, remplissez
et exploitez toute la terre (Genèse).

STRASBOURG
IMPRIMERIE DE G. SILBERMANN.
1859.

À Monsieur le Maire de
Montbelligac

ouvrage de l'auteur

LE
PAUPÉRISME

EN FRANCE

SUIVI DE

MOYENS AUSSI SIMPLES QU'INFAILLIBLES D'EN RESTREINDRE
CONSIDÉRABLEMENT L'ÉTENDUE

PAR

EUGÈNE GUIGNOT

CHEVALIER DE LA LÉGION D'HONNEUR.

Crescite, multiplicamini, implete et
subjecite universam terram.

Croissez, multipliez-vous, remplissez
et exploitez toute la terre (Genèse).

STRASBOURG,

IMPRIMERIE G. SILBERMANN, PLACE SAINT-THOMAS, 3.
1859.

LE

PAUPÉRISME EN FRANCE.

❦

But de cet écrit.

A toute époque les privations et les souffrances des indigents ont été un sujet d'affliction et de sollicitude pour tous les cœurs sensibles à l'infortune de leurs semblables.

La noble tendance de l'homme à porter secours au malheur a surtout acquis un immense développement sous l'heureuse influence qu'exerce sur les sociétés la doctrine sublime du Christ, lequel a fait de l'amour du prochain et de la pratique de la charité un de ses préceptes les plus inviolables, et comme la base de tout son édifice religieux.

Mais quoique depuis dix-huit siècles les lumières du Christianisme[1] rayonnent d'un vif éclat sur le monde, néanmoins à nulle autre époque la bienfaisance n'a obtenu une extension aussi vaste que dans le siècle actuel, ce siècle de philanthropie, où l'on voit la charité privée et la charité publique s'imposer les plus louables sacrifices pour subvenir aux besoins les plus urgents d'une multitude de malheureux.

En effet, pour nous borner à la France, les anciens hôpitaux ont été agrandis; on en a construit une foule de nouveaux; on a fondé des dépôts de mendicité, des hospices pour les vieillards et pour les infirmes, pour les aliénés, les sourds-muets, les enfants abandonnés; on a créé des loteries de charité et augmenté le nombre des

---

[1] Le mot *Christianisme* est pris ici dans son acception la plus étendue; il désigne l'ensemble de toutes les Communions diverses qui enseignent ou qui croient enseigner les vérités révélées par Jésus-Christ. Bien que divisées entre elles au sujet de leurs dogmes de foi, ces religions n'en sont pas moins unanimes à conserver un des principes constitutifs du Christianisme : l'obligation de pratiquer la charité.

bureaux de bienfaisance. On organise des souscriptions au bénéfice de ceux qui ont été victimes de catastrophes imprévues. Beaucoup de riches s'empressent d'accroître par leurs offrandes les fonds de réserve des sociétés de secours mutuels; en outre, il s'est formé spontanément dans bien des villes des associations charitables, dont les unes offrent gratuitement l'instruction primaire aux jeunes ouvriers, et dont les autres subviennent à l'entretien de réfectoires ou de restaurants à prix réduits, ou distribuent à domicile des dons en nature ou en espèces.

Bien plus encore, il y a un petit nombre d'années, on a vu surgir en France de nouvelles congrégations de filles pieuses, connues sous le nom de *Petites-Sœurs des pauvres*, dont l'abnégation, le dévouement sublime l'emporte sur celui même des sœurs de charité. .

En effet, ces augustes vierges consacrent leur existence entière au soulagement des infirmités humaines les plus rebutantes : elles recueillent dans des établissements, le plus souvent loués, des vieillards des deux sexes, impotents, rachitiques, délaissés, que les hospices n'ont pu ou n'ont point voulu admettre. Leur humilité est si grande qu'elles vont elles-mêmes implorer la charité privée, tendre la main à l'aumône, recueillir les restes de la table du riche, pour nourrir, loger, vêtir, soigner ces infortunés, adoucir l'amertume de leurs derniers jours, et les préparer à une vie meilleure[1].

Mais nonobstant tout ce concours de dévouement, de

---

[1] L'héroïsme de ces filles vénérables ne semble pouvoir être surpassé que par celui des Missionnaires, qui, au mépris de toutes les privations, au péril même de leur vie, vont porter le flambeau de la révélation chrétienne chez les peuplades les plus lointaines et les plus sauvages.

Malheureusement de tels dévouements apostoliques sont trop peu nombreux, comparativement aux immenses populations encore plongées dans les ténèbres de la barbarie et de la superstition.

sacrifices de la part de la charité privée et de la bienfaisance officielle, il est affligeant de voir que, même dans
notre belle patrie, l'étendue du paupérisme ne diminue
point, qu'au contraire, l'intensité de ce mal acquiert
presque annuellement plus de force, plus de vigueur.

Ce qui démontre, en effet, l'exactitude de cette dernière assertion, c'est *l'augmentation rapide et incessante*,
depuis environ vingt-cinq ans, du nombre des malades indigents qui, malgré l'institution si utile des médecins
cantonaux, malgré la formation d'une multitude de sociétés de secours mutuels, en pleine voie de prospérité,
viennent, faute de moyens, se faire traiter dans les hôpitaux; augmentation qui paraît avoir été progressive à
l'égard de celle de la population, et qui se fait aussi largement sentir dans les maisons d'asile pour l'infirmité et
la vieillesse.

Une autre preuve, c'est l'affluence vivement croissante
de cette foule de nécessiteux que l'insuffisance de leurs
ressources contraint à solliciter des secours hebdoma-
daires des bureaux de bienfaisance. Une dernière preuve
enfin, c'est le spectacle navrant de la misère, dont on
découvre facilement la vaste étendue, pour peu qu'on
veuille se donner la peine de pénétrer dans les réduits
qui lui servent de domicile.

Il y a en France des villes où le paupérisme a fait tant
de progrès, que le huitième de leur population est se-
couru par les bureaux de bienfaisance. Ajoutez-y, dans
les mêmes localités, les indigents traités dans les hôpitaux, et ceux qui sont entretenus par les hospices et les
autres établissements de bienfaisance, et vous pourrez
juger de la profondeur de cette plaie sociale.

Quand on arrête ses pensées sur cette situation triste et
peu rassurante d'une notable partie de la population, on
est naturellement conduit à se soumettre les deux questions suivantes :

1° Quelles sont, malgré les nombreux sacrifices de la charité, malgré l'aspect florissant de l'agriculture, de l'industrie et du commerce, quelles sont les *véritables causes* de cet accroissement presque continuel du paupé-risme?

2° Quels sont les remèdes les plus efficaces pour dé-truire, jamais totalement, mais au moins en grande partie, cette immense lèpre sociale?

C'est à ces deux problèmes que nous essaierons de fournir une solution claire et simple. Tel est, sans pré-tentions, le but unique de cet écrit.

PREMIÈRE PARTIE.

Division et état hypothétique, mais vraisemblable, du paupérisme en France.

Avant d'aborder la solution de ce double problème, il peut être utile de faire remarquer que, chez toutes les na-tions chrétiennes ou civilisées, le paupérisme peut se di-viser en trois fractions :

La première comprend cette classe indigente et labo-rieuse qui, sans tendre la main à l'aumône, sans être à charge ni à la charité privée, ni à la bienfaisance officielle, vit du fruit d'un travail pénible et assidu, possédant ou non, par famille, quelque chétif immeuble ou quelque léger capital, menant une vie généralement sobre, et n'ayant, à peu de choses près, que le strict nécessaire. Cette classe forme évidemment l'immense majorité de la population de toute contrée européenne, et quoiqu'il soit peut-être impossible d'en déterminer le chiffre exact et spécial pour la France, on peut toutefois, sans crainte de commettre une erreur trop sensible, l'évaluer aux deux tiers de la population.

La seconde fraction se compose de cette foule de malheureux qui ne peuvent suffire à leur propre subsistance ou à celle de leurs familles, soit à cause de quelque malheur subit et imprévu, ayant amené la destruction de leur capital, soit à cause de quelque infirmité intellectuelle ou corporelle, soit par suite des conséquences funestes de leurs propres vices ou de ceux de la constitution sociale du pays qu'ils habitent[1], soit enfin et le plus souvent, à cause de la privation de tout patrimoine, jointe à la modicité de leur salaire et à la durée de leur chômage.

Une partie de ces infortunés peuple les établissements de bienfaisance; l'autre reçoit, pour le consommer à domicile, un complément de subsistance plus ou moins suffisant délivré par les diverses institutions charitables de sa localité.

Enfin, la troisième fraction se compose des indigents qui, sans être à charge ni à un établissement, ni à une société de bienfaisance, reçoivent, plus ou moins secrètement, depuis les plus grandes villes jusque dans le plus petit hameau, des aumônes ou des secours de la part de cette multitude d'âmes généreuses et charitables disséminées sur toute la surface de la France.

Quant à l'état numérique de ces deux dernières fractions du paupérisme, le manque de documents nous contraint à l'établir hypothétiquement.

A notre connaissance, le seul département français qui a l'avantage de posséder une statistique exacte et récente du paupérisme, c'est celui du Bas-Rhin. M. Reboul, secrétaire général de la préfecture de ce département, s'est livré, sous les auspices de M. Migneret, préfet, à des

[1] Ces vices se faisaient surtout remarquer en France dans les siècles passés. C'est pourquoi Montesquieu a pu dire : « Il y a dix hommes qui mangent le revenu des terres contre un laboureur : le moyen qu'il n'y ait point de gens sans aliments. »

recherches consciencieuses pour arriver à la connaissance de la véritable situation de l'indigence dans ce département. Éclairé par les nombreux renseignements que
lui ont fourni MM. les maires, curés et pasteurs des communes, il est parvenu à constater que, sur une population
de 563,855 âmes, le Bas-Rhin compte 46,317 pauvres à
qui l'assistance est nécessaire. Ces pauvres se subdivisent
en 7,012 vieillards des deux sexes, âgés de plus de
60 ans; en 14,600 individus valides, de 21 à 60 ans; en
5,307 jeunes gens, de 15 à 21 ans, et en 19,398 enfants
ou adolescents, au-dessous de 15 ans.

Or, le Bas-Rhin n'est certes pas un des départements
les moins riches de la France. L'industrie y est active, le
sol fertile, la culture des terres très-bien entendue, et la
propriété foncière n'y est plus, en bonne partie, comme
dans beaucoup d'autres provinces, entre les mains d'un
petit nombre de familles très-riches. Donc, en calculant
la statistique générale du paupérisme en France d'après
les bases fournies par le Bas-Rhin, on ne pourra point
nous accuser d'exagération.

Partant de ces données, nous trouvons qu'il y a en
France : 2,939,475 indigents qui ont besoin d'assistance,
et qui se partagent en 445,012 vieillards, 926,578 individus dans la force de l'âge, 336,805 jeunes gens, de 15
à 21 ans, et 1,231,080 adolescents et enfants.

Ce qui frappe à l'aspect de ces nombres, c'est la quantité effrayante d'enfants, qui représente l'avenir du paupérisme. Aussi M. Reboul, parlant du Bas-Rhin, laisse-t-il
échapper cette réflexion pénible : « Des vieillards aux
pères de familles, et de ces derniers aux adolescents et
aux enfants les chiffres grandissent et ne présagent rien
de bon, si la charité n'y pourvoit. »

Causes de l'extension du paupérisme.

Indépendamment de la pénurie des récoltes, que l'on
peut considérer comme une cause, certes, très-influente,

mais purement accidentelle et transitoire, les causes réelles et permanentes de l'extension rapide et presque continuelle du paupérisme paraissent être au nombre de trois principales, qui sont :

1° La réduction sensible du sol labourable ou du sol consacré à la production des subsistances alimentaires, réduction successivement opérée, dans l'intervalle de trente ans, par la construction de quelques routes, de quelques canaux, et surtout d'une multitude d'édifices, soit publics, soit privés, établis sur des terrains jusqu'alors soumis à la culture; par la création d'un immense réseau de chemins de fer, entrecoupant les champs les plus pro· ductifs de la France; enfin, par les envahissements non interrompus de la culture du tabac sur celle des denrées, dans une dizaine de nos plus fertiles départements.

2° La substitution presque générale dans les manufactures, usines, filatures, fabriques, etc., du travail des machines à la main-d'œuvre de l'homme, et par suite la diminution sensible du nombre d'ouvriers qui seraient nécessaires à ces établissements sans toutes ces inventions modernes[1].

3° L'accroissement rapide de la population, qui, malgré des guerres longues et sanglantes, a augmenté de dix millions d'âmes dans une période de soixante-dix ans.

EFFETS PRODUITS PAR CES CAUSES.

L'action combinée de ces trois causes sur l'état de la société a produit les résultats suivants : chômage un peu plus fréquent, hausse du prix des denrées et baisse du taux des salaires.

En effet, à s'en rapporter à la longue expérience d'un certain nombre de chefs de quelques branches de l'indus-

[1] Nous nous empressons de dire dès maintenant que l'indication de ces causes ne nous conduira pas à conclure à l'absurde suppression des machines, ni à la restriction de la culture du tabac.

trie, et à celle d'ouvriers anciens et intelligents, le chômage s'est accru en France, dans l'intervalle environ de vingt-cinq ans (1833-1858), par la raison que les ouvriers abondent. Cette abondance s'explique par un surcroît de population, par la concurrence que les machines font au travail musculaire, et par la nécessité que subissent une multitude d'ouvriers ruraux, de quitter les campagnes pour chercher de l'occupation dans les villes.

D'autre part, il est incontestable que le prix des denrées, à l'exception du blé, et celui de la plupart des autres marchandises les plus utiles ont subi une hausse durant le même laps de temps. Il faut aujourd'hui plus d'espèces monétaires qu'il n'en fallait, il y a vingt-cinq à trente ans, pour se procurer la même quantité de viande, de graisse, d'huile, de cuir, de chanvre, de laine, de bois, etc.; il en faut davantage pour l'acquittement des loyers et des impositions publiques; et si la valeur nominale d'un petit nombre de marchandises, telles que les draps et les étoffes, a éprouvé quelque diminution, cette diminution n'est parfois que spécieuse, lorsqu'elle n'a été en partie acquise qu'au préjudice de la solidité, de la durée de ces mêmes objets. Car actuellement plus que jamais, dans quelques branches de l'industrie, pour activer la consommation, les fabricants sacrifient le solide, le long usage des choses, par une économie faite sur les matières premières, pour atteindre à l'élégance, à l'agréable et surtout au bon marché[1].

. Quant au blé, le prix de cette production a conservé

---

[1] Par exemple, on ne fabriquait autrefois que du drap dense, fort, passablement cher, et qu'il était impossible d'user en dix ans. On débite aujourd'hui une immense quantité de drap léger, mince, agréable à la vue, qui coûte quatre fois moins, mais qui ne fait pas un an d'usage. Les personnes qui ne voient les choses qu'à demi, n'en considèrent pas moins l'invention de cette espèce de drap comme un progrès.

son ancienne stabilité, puisque, nonobstant cinq récoltes médiocres, nous l'avons vu, après une seule année très-abondante, redescendre à un taux assez bas. Toutefois, comme le blé n'entre guère dans les dépenses quotidiennes de l'ouvrier que pour un cinquième, on n'en doit pas moins conclure, en thèse générale, que le prix des denrées et celui de la plupart des marchandises les plus usuelles ont éprouvé une certaine hausse, et cette hausse doit être attribuée, non-seulement à la dépréciation qu'ont subie les espèces métalliques par suite de leur abondance, due à la découverte des mines de la Californie et de l'Australie, mais encore et surtout à la rareté de beaucoup de matières premières, dont la production chez nous, depuis un quart de siècle, ne semble point avoir été relativement aussi croissante que la consommation de ces mêmes matières.

Enfin, la baisse des salaires est également évidente; car un ouvrier ne reçoit point aujourd'hui une plus forte quantité d'argent (dans quelques localités il en reçoit même un peu moins) qu'il en recevait il y a vingt-cinq à trente ans pour la même durée de travail; donc le taux des salaires a subi une réduction au moins égale à l'augmentation du prix des denrées, ou, si l'on aime mieux, au moins égale à la diminution de valeur qu'ont éprouvée les métaux précieux. Par conséquent, la satisfaction des besoins de l'ouvrier et celle du petit employé ont reçu des atteintes plus ou moins graves, et, par suite, le paupérisme devait nécessairement augmenter.

OBJECTIONS.

Tout en reconnaissant que le paupérisme a beaucoup augmenté dans l'espace de vingt-cinq ans, on pourrait néanmoins objecter que si la population s'est tant multipliée, si le terrain arable a subi de nombreuses et fréquentes réductions, en revanche, l'agriculture s'est perfectionnée, et l'industrie et le commerce ont fait des progrès très-remarquables.

Ces vérités sont aussi lumineuses que la clarté du jour. Toutefois il s'en faut de beaucoup que ces trois avantages nouveaux conquis par la France puissent, relativement au paupérisme, contrebalancer tous les inconvénients que lui ont légués les trois causes précitées.

En effet, si d'une part les progrès de l'agriculture ont fourni à celle-ci un ample dédommagement du préjudice que lui a occasionné la réduction du sol labourable, de l'autre, les progrès de l'industrie et du commerce doivent être considérés comme inefficaces, ou comme insuffisants, puisqu'ils n'ont pu, malgré leur étendue, empêcher le cercle de l'indigence de s'élargir considérablement.

Quelques personnes objecteront à leur tour, que l'accroissement rapide de la population, loin d'être une des causes de l'extension du paupérisme, révèle, au contraire, une augmentation considérable des productions du pays, et par suite un accroissement du bien-être général.

Il faut bien se garder de croire que l'accroissement absolu des richesses ou des productions d'un pays, accompagné d'un accroissement de population, ait pour conséquence invariable l'amélioration du bien-être des masses. L'obtention de ce dernier résultat dépend non-seulement de l'accroissement, mais surtout de la répartition des richesses entre les membres de la société, répartition qui peut avoir lieu d'une manière très-inégale, et qui depuis vingt-cinq ans environ n'a point été favorable à la classe ouvrière, attendu que, comme nous l'avons vu précédemment, le taux des salaires a subi une certaine diminution.

Ainsi, tel chef d'un grand établissement industriel peut avoir, dans le courant d'une seule année, accru ses bénéfices ordinaires de 100,000 fr., et être ainsi à même d'élever une famille plus nombreuse, sans que ses ouvriers aient vu leur salaire habituel augmenter d'un centime, et par conséquent sans que leur bien-être se soit étendu.

Si, au contraire, nous supposons qu'un accroissement de revenus ou de produits soit échu, d'une façon honorable, à une famille de la classe moyenne, se suffisant à elle-même, et si, en outre, nous admettons que les membres de cette famille se sont multipliés proportionnellement à l'augmentation de ces moyens d'existence, cette famille jouira sommairement de plus de revenus, mais le bien-être individuel de ses membres restera le même. Or, toute société n'étant qu'une agglomération plus ou moins compacte de familles soumises aux mêmes lois, si on admet que de telles modifications ont été introduites dans un grand nombre de familles de la classe moyenne de la même nation, toutes choses égales d'ailleurs, il en résultera que les richesses et les habitants de cette nation se seront multipliés sans que le bien-être des masses ait été affecté d'aucun changement.

Si enfin, en vertu d'une nouvelle hypothèse, un léger accroissement de ressources est survenu à une famille pauvre, qui reçoit déjà, pour compléter sa subsistance, des secours de la charité, soit publique, soit privée, si une telle famille, nonobstant son état précaire, devient encore numériquement plus forte (comme on ne le voit que trop souvent, même parmi celles dont les ressources n'ont point augmenté) et si le même changement s'est manifesté dans un certain nombre de familles de cette catégorie, on en conclura cette fois, que la population et la richesse absolue sont plus grandes, tandis que la richesse individuelle est moindre.

Il est donc hors de doute que l'accroissement des produits d'un pays, celui de la population et celui du paupérisme sont trois choses dont l'existence parfois simultanée ne révèle aucune incompatibilité.

Aussi un certain nombre d'économistes ne se contentent-ils point d'affirmer que généralement la population d'une contrée s'élève au niveau de ses productions, ou au niveau de ses moyens d'existence, mais encore qu'elle tend fréquemment à dépasser cette limite, et que, d'ailleurs, une grande population ne constitue point une grande prospérité.

Ces vérités sont confirmées par l'imposante autorité des faits. Ne voit-on pas les pauvres pulluler dans la populeuse Angleterre, dans ce pays dont on prône les richesses, et où l'agriculture, l'industrie et le commerce ont fait de si grands progrès?

Donc, enfin, l'augmentation des produits d'un pays n'est pas un signe toujours certain de l'accroissement du bien-être de la classe ouvrière.

Autre objection. Un petit nombre de personnes comblées des dons de la fortune accusent les indigents d'être eux-mêmes les seuls artisans de leur propre malheur, ou de l'extension du paupérisme, à cause de l'étendue qu'ils donnent à leurs familles, et à cause des dépenses superflues qu'ils se permettent de faire dans les brasseries, auberges et cabarets.

On ne peut disconvenir que le grand nombre d'enfants dans les familles pauvres ne soit une des causes principales et permanentes de l'accroissement de l'indigence ; mais, disons-le ouvertement, et sans vouloir en rejeter la faute sur qui que ce soit : l'aspect d'une société où une multitude d'hommes mariés auraient besoin d'avoir assez d'empire sur eux-mêmes pour limiter très-étroitement le nombre des naissances sur l'exiguité de leurs ressources, et où une foule d'autres se disent contraints à renoncer au désir inné du mariage, à cause de l'insuffisance de leurs moyens et de la perspective d'une longue misère; à contracter des habitudes qui outragent la bonne morale, ou des alliances passagères et scandaleuses, qui accrois-

sent le nombre des enfants illégitimes et celui des enfants
trouvés, l'aspect, dis-je, d'une telle société inspire une
vive compassion et un profond sentiment de peine, surtout
quand on a la conviction qu'il pourrait en être autrement.

Quant aux dépenses faites par les ouvriers dans les cabarets, elles doivent sans doute être désapprouvées, mais
ces dépenses sont individuellement moins élevées qu'on
ne le suppose, à l'audition du bruit émanant de ces lieux
publics. Quelques ouvriers réunis en cercle, oubliant mo-
mentanément leurs soucis, leurs peines, leurs fatigues,
par l'absorption trop copieuse d'un liquide égayant, feront
souvent plus de débats, en ne dépensant chacun que cinquante centimes, que n'en feront dans une brillante soirée
une réunion de personnes opulentes gaspillant plusieurs
centaines de francs. Or, au double point de vue de la charité chrétienne et de l'économie générale, les prodigalités
des uns ne sont pas plus justifiables que les dépenses mal
réglées des autres.

D'ailleurs, ces personnes qui reprochent au salarié sa
condescendance pour ses vices, sont-elles parfaites, pour
vouloir que de simples ouvriers, qui ont reçu bien moins
d'éducation qu'elles, puissent réprimer tous leurs pen-
chants désordonnés? Ne voyons-nous pas presque tous
une paille dans l'œil de notre voisin, sans en apercevoir
une dans le nôtre? Avant de critiquer les défauts d'autrui,
rappelons-nous toujours cette maxime de la philosophie
ancienne : « Γνῶθι σεαυτον. Connais-toi toi-même. »

On a beau chercher à se disculper de ne point faire
l'aumône, en alléguant qu'une foule de gens ne tombent
dans la pauvreté que par leur imprudence ou par leur
inconduite, on ne parviendra jamais à étouffer les re-
mords de sa conscience en refusant de secourir ses frères
nécessiteux, quelle que soit, du reste, la cause de leur
dénûment.

Jugeons donc notre prochain moins sévèrement, soyons

indulgents les uns à l'égard des autres, et charitables selon nos moyens.

D'autres hommes, enfin, considèrent comme un des principaux agents de l'accroissement du paupérisme la multiplicité des dépenses improductives, ou le débordement du luxe, qui est loin d'être toujours une preuve évidente de l'extension du bien-être général[1].

Quoi qu'il en soit de l'influence que toutes ces causes objectées exercent sur la situation du paupérisme, et lors même qu'on nous contesterait la validité de chacune de nos trois causes principales, en y substituant toute autre, au choix du lecteur, il n'en serait ni moins vrai que le paupérisme a notablement augmenté en France, dans l'intervalle de vingt-cinq ans, ni moins utile de s'enquérir des moyens les plus efficaces et les moins dispendieux pour refouler ce mal public dans un cercle plus étroit. Nous ne nous occuperons donc plus dans la suite de cet

---

[1] Il n'y a peut-être point dans la société actuelle d'erreur plus généralement accréditée que celle qui consiste à croire que les dépenses superflues des classes aisées contribuent à répandre le bien-être dans la classe ouvrière.

Il faudra encore bien des années pour détruire une erreur aussi funeste, qui a pour elle toutes les apparences d'une vérité, et qui exige une discussion approfondie pour être dévoilée.

Les dames surtout occupent une large place sur le bordereau général des sommes sacrifiées au luxe, à la vanité, à l'ostentation. Une foule d'entre elles se permettent des dépenses exorbitantes pour l'entretien d'une toilette futile, sans consistance, constamment variée et quelquefois ridicule.

Aux yeux de l'économie générale et du paupérisme, ces intéressantes personnes, quelles que soient, du reste, leurs qualités et leurs vertus, n'en forment pas moins, ne leur déplaise, un véritable gouffre où chaque année une multitude de capitaux s'engloutissent improductivement.

Combien un peu de modestie, un peu de modération dans l'achat des vêtements, serait préférable à tant de vanité si coûteuse, et sommairement si nuisible!!

écrit que de la recherche des mesures les plus simples
d'atteindre ce dernier résultat. Mais avant d'aborder l'exposé de ces mesures, il nous a paru nécessaire de soumettre à un examen rapide les principaux systèmes humanitaires qui ont été proposés jusqu'à ce jour, sans
omettre ceux-là mêmes qui se distinguent par leur extravagance.

DEUXIÈME PARTIE.

Communisme et Socialisme.

Le moyen unique et certain, se sont écriés quelques
déclameurs mal inspirés, de supprimer à jamais les souffrances de l'indigent, c'est de détruire l'hydre toujours
renaissante du paupérisme par une révolution sociale
complète, basée sur l'abolition des vieilles croyances religieuses, et sur le partage commun des biens, des travaux et des plaisirs, c'est-à-dire sur la substitution du
rationalisme à l'enseignement de la révélation divine, sur
l'anéantissement du droit de propriété, sur l'égalité des
rémunérations, etc.

Soit conviction intime de l'efficacité de leur système,
soit plutôt vanité et orgueil, dans le but d'acquérir par
l'excentricité, la perversité de leurs combinaisons, une
renommée semblable à celle d'*Érostrate,* ils accumulent
sophismes sur sophismes, dans le but de prouver que le
bien-être peut devenir universel, c'est-à-dire qu'il peut
s'appliquer indistinctement à tous les membres d'une
même société, quels que soient, du reste, les talents, les
vertus et les vices d'un chacun.

Esprits peu sains ou perturbateurs coupables de la
tranquillité publique, ils ne veulent point, ou feignent
de ne pas comprendre que de tels systèmes, pour être

praticables, exigeraient avant tout que l'homme ne fût
pas homme, c'est-à-dire qu'il fût un être orné de toutes
les vertus, et n'éprouvât aucune inclination pour le mal.
Il ne manquait plus à ces touchants apôtres de l'impossibi-
lité, pour compléter l'harmonie de leur système social, que
d'avoir encore exhumé les idées bizarres de Platon, au sujet du meilleur mode de procréation de l'espèce humaine[1].

DU CHRISTIANISME.

Ce qui porte les Communistes à vouer une haine si ar-
dente au Christianisme, c'est principalement le souvenir
de quelques écarts commis par celui-ci au moyen âge.
Ils ne se sentent point la force de lui pardonner quelques
fautes, malgré l'aveu des bienfaits immenses que d'autre
part il a rendus à l'humanité. A leurs yeux, la doctrine
chrétienne, c'est la négation du progrès, tandis qu'elle
n'est en réalité, étant bien comprise et jointe à un certain
degré d'instruction profane, que la source même du progrès et le flambeau qui éclaire la marche de la civilisation.

Le clergé spécialement est devenu le point de mire de
leurs attaques. Ils ne le considèrent que comme une association d'hommes fourbes, dissimulés, hypocrites, qui,
n'ajoutant eux-mêmes nulle foi à leur propre enseignement, ne se servent de cette doctrine que pour étendre
leur influence sur les affaires temporelles, pour empêcher
l'expansion des lumières, pour tramer à l'ombre l'assu-
jettissement des sociétés, en un mot, pour mener à la
lisière peuples et souverains.

[1] On sait que le célèbre Platon, dans son *Traité de la République*,
proposa de tirer les femmes au sort entre tous les citoyens de l'État,
et de renouveler ce tirage au commencement de chaque année.

Toutefois ce grand philosophe est excusable : si Platon eût vécu
pendant l'ère chrétienne, il n'eût jamais avancé une proposition aussi
antisociale.

C'est, disent-ils, le clergé chrétien qui fit jeter Galilée
en prison, parce que celui-ci osa enseigner que la terre
tourne autour du soleil; ce sont les doctes prélats d'Espagne, réunis à Salamanque, qui ont essayé de mettre
obstacle à la découverte du Nouveau-Monde; c'est le
clergé encore qui, de concert avec l'autorité laïque, a
érigé l'exécrable inquisition d'Espagne; ce sont les papes
qui, abusant de la vaste prééminence sociale que leur a
concédée la vénération des peuples au moyen âge, ont
subordonné la direction temporelle des nations à leur
propre autorité spirituelle, en déliant les gouvernés du
serment de fidélité à l'égard des souverains, et en trans-
férant la possession des couronnes d'une dynastie à une
autre, etc.

* Ces inculpations sont fondées. Mais que prouvent-elles
autre chose, si ce n'est la barbarie des temps, l'ignorance
de ces siècles de fer, la véhémence des haines de religion
durant le moyen âge, l'incompréhension des dogmes
chrétiens dans une multitude de cerveaux ténébreux de
cette sombre époque, le désaccord étrange des œuvres
d'une multitude de chrétiens avec l'enseignement de la
religion, la prétention absurde de découvrir dans le texte
des saintes Écritures des réponses à des questions scien-
tifiques, entièrement indépendantes du domaine de la religion; et finalement, la facilité avec laquelle l'homme
omnipotent (comme le furent les papes au moyen âge) se
laisse entraîner à des abus de pouvoir, le plus souvent
même en ayant les meilleures intentions d'accomplir le
bien.

D'ailleurs, si les chrétiens, après avoir été persécutés
pendant trois siècles, sont devenus plus tard persécuteurs
à leur tour, si le clergé a contribué à l'érection du lugubre
tribunal de l'inquisition, il a sans doute commis une faute
immense, d'autant plus grave qu'il a osé agir contradic-
toirement avec l'enseignement de Jésus-Christ; mais ce

n'est certes pas à vous, ennemis du Christianisme, à vous
plaindre de ces violences passées; vous n'avez qu'à vous
en applaudir; car sans ces crimes vous n'auriez rien à lui
reprocher. Ce sont là vos plus puissants auxiliaires; c'est
le récit de ces faits déplorables qui donne à vos sophismes quelque apparence de vérité. Le souvenir seul de
ces persécutions, transmis verbalement d'âge en âge, a
fait dans les siècles passés et fait encore aujourd'hui plus
de mal à la religion que ne lui en pourra jamais faire le
venin de vos publications satiriques et diffamatoires.

Si, enfin, quelques papes, dépassant la limite de leurs
pouvoirs légitimes, ont enlevé la couronne à des monarques impénitents, coupables de quelque grave trans-
gression aux lois du Christianisme; si on a parsemé les
pays chrétiens de couvents, de cloîtres, où souvent l'oisiveté et la bonne chère étaient substituées au travail et à la
pénitence; si le clergé s'est permis d'agglomérer les
biens, au lieu de les vendre ou de les partager entre les
pauvres, comme il le fit pendant les premiers siècles de
l'ère chrétienne; si les hautes fonctions de l'épiscopat ont
été jointes à des attributions politiques, et pour ainsi
dire dévolues de droit aux jeunes cadets de la noblesse,
chez qui l'appât d'un riche bénéfice et l'ambition d'atteindre une position sociale éminente tenaient lieu de foi,
de piété, de dévouement, de vocation, c'est encore aux
adversaires du Christianisme à s'en réjouir; car, sans ces
abus énormes, jamais les grandes scissions qui se sont
opérées dans le sein du monde chrétien au seizième
siècle, n'eussent acquis des proportions aussi vastes.

Mais, encore une fois, ces usurpations, ces abus de pouvoir, ces fautes graves n'ont rien de commun avec la religion elle-même, avec ses préceptes, avec ses dogmes.
Elles sont les conséquences regrettables du triomphe des
passions humaines sur les avis de la raison et sur les
commandements de Dieu; elles doivent même être souvent

attribuées à un excès de zèle pour le bien , joint à l'ignorance. Ces fautes ne prouvent rien contre l'excellence de
l'enseignement chrétien ; car Jésus-Christ a promis à son
Église l'immutabilité de ses dogmes, l'infaillibilité de son
enseignement, mais non la conformité constante des actes
des papes, du clergé et des chrétiens avec cette même
doctrine. L'homme, pour être chrétien, ne cesse point
d'être homme, et comme tel d'être sujet à se laisser maî-
triser par ses passions ou par ses vices, et égarer par ses
erreurs et ses préjugés. En un mot, la religion chrétienne
n'a jamais eu pour mission de garantir l'impeccabilité
absolue à ceux qui embrassent, professent ou prêchent
sa doctrine ; mais seulement de les rendre meilleurs,
de les éclairer, de les guider, de les fortifier dans la
voie ardue qui doit les conduire à leurs destinées éter-
nelles.

D'autre part, il était impossible au Christianisme de
faire passer, avec le concours de la science profane, tant
de nations de la barbarie la plus profonde à une haute
civilisation, sans trébucher quelquefois en route, sans
dévier parfois de la bonne voie. *Errare humanum*[1].

[1] Une seule chose doit ici exciter notre surprise, c'est qu'il se
trouve encore aujourd'hui un certain nombre d'hommes qui de bonne
foi considèrent le moyen âge comme l'âge d'or du Christianisme, qui
regrettent ce bon vieux temps, où l'anarchie, les dissensions intes-
tines, l'injustice, la spoliation, l'intolérance, le fanatisme, étaient à
l'ordre du jour, ce temps où catholiques, huguenots, calvinistes, etc.,
étaient assez aveuglés pour croire qu'ils devaient se vouer une haine
implacable, parce qu'ils interprétaient différemment la doctrine de
Jésus-Christ.

Plaignons-les, ces naïfs admirateurs du moyen âge, et n'en accor-
dons pas moins toute notre préférence à l'époque moderne, où la foi,
pour être moins visible à l'extérieur, pour répandre autour d'elle
moins de bruit et de fracas, pour être pratiquée avec moins d'ostentation et de contrainte, n'en est que plus profonde et mieux comprise,
où cette foi ne se traduit plus par la haine, par l'aspersion du sang
de son prochain, mais par une affabilité mutuelle et sincère, par un

Mais ces siècles de foi naïve, de foi mal comprise, ces époques de laborieuse transition entre la barbarie et la civilisation, sont à jamais passés, heureusement pour l'Église, heureusement aussi pour vous autres, Communistes, instigateurs du désordre et de l'impiété. Le clergé tend aujourd'hui, dans plusieurs contrées, à rentrer de plus en plus dans sa véritable sphère, en s'éloignant des affaires politiques, pour se vouer exclusivement à sa mission toute spirituelle. Loin de chercher à dominer sur l'autorité temporelle des nations, il se montre aujourd'hui, en matière civile, généralement soumis aux lois de cette même autorité, conformément à cette recommandation de saint Paul : « Soyez soumis aux puissances supérieures. »

Quittez donc, vous autres adorateurs de la déesse Raison, quittez ces craintes chimériques qui vous portent à croire que l'Église travaille sourdement à reconstituer sa puissance temporelle. Elle n'a garde de chercher à ressaisir un pouvoir dont la possession trop longue entre ses mains a tourné, en dernier résultat, au détriment de son unité et de sa propagation. Vous n'avez plus de violence à en redouter; elle se contentera désormais de vous regarder d'un œil de commisération, et la charité, la mansuétude, la persuasion et l'exemple des vertus seront, comme autrefois, les seules armes à l'aide desquelles elle propagera sa doctrine bienfaisante et détruira

échange de bons offices, et surtout par une abondante charité pour les pauvres, réciproque chez les diverses communions qui composent la grande famille chrétienne.

Ajoutons encore, qu'à notre avis, l'âge d'or du Christianisme a existé du premier au neuvième siècle, pour ne recommencer en France et dans un petit nombre d'autres contrées que depuis la réapparition de la tolérance religieuse, depuis l'abstention du clergé dans les affaires politiques et dans les affaires locales, depuis la sécularisation des biens ecclésiastiques, depuis l'épuration du sacerdoce, depuis enfin que les graves fonctions de l'épiscopat sont concédées au mérite et à la vertu, et non à la naissance et à l'intrigue.

l'action délétère de vos déplorables principes. Loin de chercher à enrayer le char du progrès, elle marchera avec lui; car Christianisme et progrès ne sont antagonistes que lorsque ces prétendus progrès sont incompatibles avec le repos et le bien-être des sociétés.

Cessez donc aussi, écrivains hostiles à l'égard du Christianisme, cessez vos attaques contre une religion aussi sublime dans sa morale que consolante dans ses promesses, une religion qui commande la pratique de toutes les vertus, qui nous ordonne de nous aimer les uns les autres, de pardonner les injures, de rendre le bien pour le mal, qui exhorte le pauvre à supporter patiemment sa misère, ses privations, qui enjoint au riche, avec la menace, en cas de désobéissance, des châtiments les plus terribles, de partager son superflu avec ses frères indigents; en un mot, une religion si admirablement organisée pour guérir les plaies de l'humanité, pour conduire l'homme à la pratique du bien, à la recherche de son vrai bonheur, que ceux-là mêmes qui ont le malheur d'être persuadés que la doctrine chrétienne n'est qu'un ensemble de préceptes inventés par l'imagination humaine, pour rendre les peuples plus gouvernables, n'en sont pas moins intéressés à sa conservation et à sa propagation, si toutefois ils sont, comme ils le prétendent, de vrais philanthropes, des amis sincères de l'indigent.

Cessez enfin, comme on le fait journellement dans les discussions religieuses, de discréditer, de tourner en dérision l'enseignement du Christianisme, à cause de tel ou tel acte blâmable, commis par quelques-uns des ministres de ce culte. Que l'immixtion encore actuelle d'un petit nombre d'ecclésiastiques dans le gouvernement des États ne soit point considérée comme étant le but réel et final que se proposent d'atteindre les prédicateurs de la doctrine chrétienne. Que l'audition de quelque grave scandale donné par l'un ou l'autre membre du sacerdoce,

ne vous fasse point prendre pour règle générale ce qui
n'est, en France surtout, qu'une exception de plus en
plus restreinte. N'oublions jamais que le prêtre est
homme, que l'homme est faible, que parmi les douze
disciples du Messie il s'est trouvé un Judas, et que l'in-
famie commise par ce dernier n'a pu ternir la gloire de
ses illustres collègues.

Au lieu de diriger vos attaques contre le Christianisme,
bornez-vous plutôt à engager l'Église de jeter spontanément les derniers tronçons de pouvoir temporel qu'en
certaines contrées elle retient encore d'une main trem-
blante. Faites-lui comprendre que l'intrusion du clergé
dans les affaires politiques ne sert plus aujourd'hui qu'à
porter une rude atteinte à son autorité spirituelle.

A une époque où l'ignorance était si profonde que la
noblesse se glorifiait de ne pas savoir lire, il a été certes
très-souvent utile que le clergé usât de ses lumières et de
sa prépondérance sociale pour mettre quelque frein aux
vexations arbitraires exercées sur les peuples par une
multitude de tyranneaux; mais aujourd'hui que l'égalité
devant des lois généralement équitables a été introduite
dans les pays les plus civilisés, aujourd'hui que l'instruction circule dans tous les artères du corps social, nous
n'avons besoin ni de cardinaux pour nous gouverner, ni
d'évêques pour discuter nos lois. Dans quelque contrée
chrétienne que ce soit, laisser en tout ou en partie le
pouvoir politique entre les mains du clergé, ce n'est plus
qu'un anachronisme, qu'une anomalie aussi préjudiciable
aux vrais intérêts du christianisme, à sa propagation,
qu'elle l'est au développement de la prospérité matérielle
des peuples sur qui cette domination s'exerce.

Travaillez aussi à étendre la tolérance religieuse, non-
seulement sur l'Espagne, sur l'Italie, etc., mais encore
sur la Suède, sur la Russie, etc. Que la tolérance, fille du
Christianisme, tant de siècles méconnue, fasse le tour du

monde, portée sur les ailes de la fraternité universelle. Mais arrêtez-vous là, ne cherchez point à dépasser ce double but; contentez-vous de la destruction de ces abus, sans porter la main sur la doctrine même de Jésus-Christ. Vouloir remplacer ces dogmes divins par le desséchant Rationalisme ou par le ridicule Panthéisme, c'est travailler à l'infortune de ses semblables, à l'extension du paupérisme; c'est substituer la haine, le désespoir, le néant, à la patience, à la résignation dans le malheur, à l'espoir d'un bonheur immuable; c'est être, non l'ami, le protecteur de l'indigent, mais son bourreau.

De la propriété.

Il ne suffit point aux Communistes de chercher à éteindre les anciennes croyances religieuses, ils voudraient surtout abolir le droit de propriété.

Ici encore ce sont spécialement les abus qu'engendre le droit de propriété qui excitent leur haine contre l'existence de ce droit; c'est tantôt un riche insultant à la misère de ses semblables par l'étendue de son faste et de ses folles dépenses, c'est tantôt l'accroissement rapide d'une fortune acquise par des voies illégitimes, etc.

Sans doute, ces faits sont regrettables, comme il est triste aussi de voir naître, à mérite égal, une multitude d'enfants dans des familles où règne la privation, le dénûment, tandis que d'autres naissent au sein de l'opulence.

Mais est-ce que le Communisme, en prétendant corriger ces anomalies, ces abus, n'ouvrirait point la porte à des milliers d'autres irrégularités plus graves encore? Si bien des propriétés ont évidemment une origine peu honorable, s'ensuit-il qu'il faille les envelopper toutes dans une des-truction commune? Quelques innovations que l'on introduise dans une société, il y aura toujours des abus, des crimes même, qui échapperont à l'imperfection de la

justice humaine. De là, l'impérieuse nécessité d'une justice divine, qui saura bien atteindre, tôt ou tard, celui
qui, sans expiation de sa faute, aura, de quelque manière
que ce soit, spolié le bien d'autrui, ou qui aura fait un
usage condamnable d'une fortune acquise par son travail,
ou obtenue par voie d'hérédité.

Efforçons-nous toutefois de nous faire une idée de la
riante perspective de bien-être qu'offrirait à une société
le Communisme pratique.

Il y a deux manières principales et distinctes d'envi-
sager le Communisme : on peut vouloir, soit le partage
égal des biens entre tous les habitants d'une contrée, soit
la Communauté de ces biens, jointe ou non à l'égalité
des rémunérations.

Dans le premier cas, quelles difficultés immenses n'é-
prouverait-on pas pour répartir égalitairement, entre tous
les membres d'une société si compacte, les richesses
d'une nation, si variées dans leur essence ! Quelles difficultés plus insurmontables encore pour maintenir cette
égalité de fortune entre cette multitude d'hommes, se livrant à tant de passions diverses, et dans une contrée où
la somme des richesses et l'état numérique des habitants
sont sujets à varier journellement !

Dans l'autre cas, en joignant à la Communauté des
biens l'égalité des rémunérations dues au travail, n'est-il
pas souverainement absurde de prétendre que l'honneur
seul, sans aucune disproportion entre les récompenses
pécuniaires, sans nulle différence entre les avantages ma-
tériels accordés au talent et à l'ineptie, à l'amour du travail et à l'indolence, satisfera tous les membres de cette
société, et assurera le développement de toutes les capa-
cités? Sous un tel régime social, n'arriverait-on pas à la
destruction de toute activité, de toute émulation, de toute
sagacité? Aujourd'hui, c'est à qui travaillera plus et
mieux; avec l'égalité des rémunérations, ce serait à qui
travaillera moins et plus mal.

Si, au contraire, on joint l'inégalité des rétributions au même système de Communauté des biens, incompatible avec la libre transmission héréditaire de ces biens, que deviendra l'économie domestique, qui est, avec le travail, la source de la conservation et de l'accroissement des richesses? Quel père voudra accumuler le produit de son labeur, en sachant que la somme de ses épargnes, au lieu d'être transmise à ses enfants, ira, après son décès, se fondre dans la masse commune des richesses de la nation? Ne verrait-on pas se multiplier de toutes parts les consommations superflues ou improductives, qui conduiraient cette société à un appauvrissement rapide?

En un mot, qui ne sait que la certitude de jouir ou de disposer librement du fruit de ses terres, de ses capitaux, de ses labeurs, c'est-à-dire le droit de propriété, est non-seulement le moteur le plus puissant de la production et de l'augmentation des richesses, mais encore un des mobiles les plus énergiques du développement des facultés intellectuelles de l'homme.

Non contents de pérorer d'une manière abstraite, quelques Communistes, pour corroborer leurs sophismes ou faire partager leurs illusions, en viennent aux faits, et, fouillant les pages les plus reculées de l'histoire, ils nous présentent l'exemple de Sparte, présumée très-florissante tant qu'elle observa les lois de Lycurgue, comme une image toutefois très-faible du degré de puissance et de bonheur auquel parviendrait une nation qui adopterait et mettrait en pratique leurs combinaisons extravagantes.

Qu'un homme d'un caractère énergique, tel que Lycurgue, ait réussi, pour quelque temps, à soumettre à des lois bizarres une peuplade agreste, illettrée, sans industrie et sans commerce, il n'y a rien là qui doive surprendre. Que cette tribu, regardant comme le bien suprême le triomphe de la force et de la vaillance, ait ins-

piré de la terreur à ses ennemis, soit encore. Mais que
les Spartiates aient été heureux sous un tel régime social,
c'est là une question à laquelle il est permis de répondre
négativement, quand on se rappelle que ces guerriers ne
connurent point les avantages d'une honnête et modeste
aisance, et qu'ils ne cultivèrent ni les qualités de l'esprit,
ni celles du cœur. Souvenons-nous aussi qu'à la même
époque ce peuple possédait des esclaves, des Ilotes, pour
labourer ses terres, pour exercer médiocrement quelques
métiers, et que ces esclaves, tout en supportant les travaux les plus rudes, subissaient de la part de leurs maîtres
les traitements les plus cruels et les moins mérités, et ne
recevaient que quelques aliments grossiers pour satisfaire
leurs propres besoins.

Donc le Communisme des Spartiates et l'éclat de leurs
armes n'empêchèrent point qu'il n'y eût sur leur territoire
une multitude de malheureux. Par conséquent aussi, en
théorie comme en pratique, toutes ces associations gi-
gantesques, tous ces systèmes prétendus humanitaires,
prônés par des cerveaux peu lucides, qui voient le *nec
plus ultra* de la félicité terrestre là où il n'y aurait que
d'amères déceptions, l'abondance là où bientôt apparaî-
trait le dénûment, l'harmonie sociale la plus complète
là où régnerait la confusion, le chaos, ne sont que des
utopies, des chimères, de dangereuses rêveries, inca-
pables de résister à l'épreuve du bon sens, ni à celle de
l'expérience.

Du droit au travail.

Quelques esprits croient sincèrement que l'état pourrait opposer une digue puissante aux envahissements du
paupérisme, en garantissant le droit au travail à chacun
des membres de la société.

Sans doute, rien ne paraît plus juste que d'accorder
aux manœuvres et aux ouvriers le droit, et de leur four-

nir les moyens de gagner noblement leur pain à la sueur
de leur front, au lieu de laisser végéter une partie
d'entre eux, par les suites d'un chômage plus ou moins
long, joint·à l'insuffisance habituelle de leur salaire. Mais
la concession d'un tel droit ne présenterait-elle aucun
inconvénient?

D'abord, l'état ne pourrait, sans porter atteinte au droit
de propriété, contraindre les patrons de prendre à leur
service un plus grand nombre d'ouvriers que n'en réclame
l'étendue de leurs affaires. Donc, pour garantir le droit
au travail, il faudrait de deux choses l'une : ou que le
gouvernement accordât gratuitement une indemnité pour
chaque journée de chômage dûment constatée; ou que,
s'adonnant lui-même à l'industrie et au commerce, il
créât dans chaque ville, dans chaque chef-lieu de canton,
un vaste établissement où l'on exercerait diverses branches
de l'industrie, et où l'on admettrait transitoirement tout
ouvrier et toute ouvrière à qui l'agriculture, l'industrie
et le commerce privés n'auraient pu fournir du travail.

Dans le premier cas, il serait indispensable d'ériger et
de solder une vaste administration, chargée de la vérifi-
cation des journées de chômage et du paiement de l'indemnité.

La première conséquence de l'adoption de cette mesure
serait sans contredit une forte aggravation de charges
pour les contribuables; de sorte que le fardeau des impositions, déjà onéreux pour la classe mitoyenne, devien-
drait écrasant pour celle-ci, et par suite une nouvelle
cause de l'extension du paupérisme viendrait s'ajouter à
toutes les autres déjà existantes.

Dans l'autre cas, il serait nécessaire que l'État eût à sa
disposition d'immenses capitaux pour construire une
multitude d'établissements de travail, et pour acquérir
une masse d'outils et de matières premières. Donc, cette
seconde mesure offrirait d'abord le même inconvénient

que la précédente. Quel serait ensuite le résultat final de ce conflit d'intérêts analogues, de cette concurrence entre l'industrie privée et l'industrie publique? Désastreux à tout égard; car la quantité des produits fabriqués dans tout le pays devenant, par la nullité absolue du chômage, de beaucoup supérieure à celle des années précédentes, c'est-à-dire à la quantité habituellement demandée, il faudrait, pour faciliter l'écoulement de ces marchandises, en réduire le prix d'une manière plus ou moins sensible. De là, une nouvelle cause de la baisse des salaires ou de l'agrandissement du paupérisme.

En somme, la garantie du droit au travail, outre qu'elle offre de grandes difficultés pratiques, ne servirait qu'à rétrécir le cercle de l'indigence d'un côté, pour l'élargir au moins autant d'un autre côté.

Des établissements de bienfaisance.

Un grand nombre d'hommes mus par les plus nobles élans de la charité pensent qu'il suffit, pour arrêter les progrès de l'indigence, de multiplier et d'agrandir les hôpitaux, les hospices et autres établissements de bienfaisance, de les enrichir de dons, de legs et de souscrire à toutes sortes de bonnes œuvres.

Rien n'est certes plus digne d'éloges et d'admiration que le zèle déployé par ces bienfaiteurs de l'humanité souffrante; mais il n'en est pas moins vrai qu'ils sont dans l'erreur en présumant qu'il n'y ait pas, dans les circonstances actuelles où se trouve la France, de moyen plus efficace que l'exercice de leur charité pour restreindre le paupérisme.

En effet, secourir temporairement les nécessiteux à domicile, traiter les malades indigents dans les hôpitaux, c'est guérir les maux présents sans travailler à en prévenir le retour, c'est le plus souvent combattre la misère dans ses effets et non dans son origine, dans les causes qui l'ont provoquée. Outre cet inconvénient, l'extension continuelle donnée aux hôpitaux et aux hospices en présente encore un autre : celui de détourner de leur véritable destination une partie des valeurs léguées à ces établissements.

Cette vérité peut être facilement démontrée à l'aide d'une hypothèse.

Supposons que deux voisins riches et charitables fassent l'un et l'autre une donation de terres d'une valeur de 50,000 fr. aux pauvres de la même localité, avec cette différence, que le premier lègue cette part de son bien à l'hôpital-hospice de l'endroit, tandis que le second partage la sienne entre cinq familles agricoles, probes, laborieuses, économes, mais indigentes. Lequel des deux aura rendu le plus grand service à la société, ou aura le mieux compris et pratiqué la bienfaisance?

Ce sera le second.

En effet, dans tout hôpital ou hospice, l'entretien du nombreux personnel, des médecins, des pharmaciens, des comptables, des sœurs de charité, des artisans, des domestiques et servantes absorbe en général le cinquième de la dépense totale de l'établissement[1].

Donc, le premier donateur n'a réellement remis entre les mains des pauvres que 40,000 fr. ; les autres 10,000 fr. serviront à l'entretien des employés de l'hospice, personnes évidemment très-respectables, mais qui pourraient rendre ailleurs d'utiles services à la société, si les hôpitaux ne tendaient sans cesse à s'agrandir. De plus, le

[1] La valeur vénale des propriétés appartenant aux hospices étant évaluée (en 1854) à 400 millions et les revenus à 11 millions, la dépense du personnel absorbe à elle seule près du cinquième du revenu total des administrations hospitalières, près de 10 millions; c'est-à-dire une somme égale aux revenus de leurs propriétés foncières, 20 p. 0/0 de la dépense totale.

Ces 10 millions sont partagés entre 25,561 agents de toute sorte. Les hôpitaux et hospices de France ont, en tout, 126,000 lits, c'est donc un employé pour quatre lits (E. de Girardin).

même bienfaiteur, s'il exploitait ses terres lui-même, a
causé un préjudice à l'agriculture; car l'hospice en question affermera les biens légués. Or, on sait que les terres
affermées donnent, en général, une moindre quantité de
productions que lorsqu'elles sont cultivées par les pro-
priétaires eux-mêmes. Un fermier n'ose hasarder aucune
amélioration quelque peu dispendieuse, et dans le courant de l'année où son bail expire, il a intérêt d'épuiser
ses terres le plus possible, s'il prévoit que la culture lui
en sera retirée.

Le second testateur, au contraire, a fait passer son legs
tout entier entre les mains de l'indigence, il a rendu le
bien-être, le contentement, la joie à cinq familles honnêtes, laborieuses, dignes d'avoir été l'objet de sa pieuse
sollicitude; il a fait plus encore; il a probablement épar-
gné à l'un ou à plusieurs membres de ces mêmes familles
la pitoyable nécessité, l'humiliation d'aller, la tête blan-
chie, terminer leurs jours dans ce même hospice enrichi
par la libéralité du premier donateur.

La bienfaisance directe est donc plus efficace, plus méritoire et moins humiliante que celle qui s'exerce au moyen
d'agents intermédiaires salariés.

Lecteur, si néanmoins vous n'êtes pas suffisamment
convaincus de l'incommensurable supériorité de la charité
directe sur la charité indirecte, eh bien ! prenez la peine
de pénétrer dans un des hospices où l'infirmité et la
vieillesse reçoivent les soins les plus empressés de la part
même de ces sœurs de charité si bonnes, si dévouées.
Interrogez les hôtes de ces vastes établissements, deman-
dez-leur s'ils ne préféreraient point habiter dans un local
moins spacieux, moins splendide, au sein de leurs familles, ou, à défaut de familles, avec quelques connaissances intimes, en admettant qu'on leur fournît les ressources nécessaires pour effectuer ce changement. Vous
obtiendrez partout une réponse affirmative. Combien de

ces infortunés n'a-t-on pas entendus soupirer, en franchis-
sant pour la première fois le seuil d'un de ces établissements, et s'écrier avec amertume : « Hélas ! aurais-je cru
que j'irai terminer mes jours dans un hospice. » Et pourquoi cette préférence et ces soupirs? Ah! c'est que Dieu
a créé l'homme pour croître, vivre et mourir dans le
cercle de la famille. Oui, la vie semi-phalanstérienne des
hospices est antipathique à la nature humaine. Donc encore, etc. :

Aussi Jésus-Christ, ce sublime docteur de la charité,
donne-t-il clairement à comprendre dans ses discours
quelle est la manière la plus judicieuse et la plus méritoire
de pratiquer la bienfaisance. « Si vous voulez être parfait,
dit-il, donnez, distribuez vos biens aux pauvres, » et non,
agglomérez-les pour fonder des hospices et des couvents.

Objection. On pourrait objecter relativement à la charité directe, qu'en partageant les biens entre les pauvres,
il y aurait à craindre que beaucoup d'entre eux n'abu-
sassent de ces bienfaits, en dépensant la valeur des biens
obtenus, d'une manière peu favorable à la consolidation
de leur bien-être.

Une telle objection ne serait pas sérieuse. Il ne manque
pas, même dans le plus petit hameau, des familles indigentes, actives, honnêtes, parcimonieuses, qui ne luttent
contre le besoin que parce que leur patrimoine a été presque nul, parce que le travail leur manque quelquefois,
parce que leur salaire est faible, et qui certes, après avoir
été assujetties aux épreuves de la misère par le seul tort
de leur naissance, se garderaient bien d'y retomber de
leur propre faute.

Ajoutons encore, que si de telles donations apparaissaient
fréquemment à l'horizon d'une société, comme une ré-
compense offerte à l'indigence jointe à l'amour du travail,
à la pratique des vertus domestiques, elles contribueraient
puissamment à introduire l'ordre, la tempérance, la mo-

ralité chrétienne dans un grand nombre de familles né-
cessiteuses.

D'autre part, est-il bien sûr que les revenus des biens
qui ont été légués aux hospices et aux couvents, dans le
but de procurer quelques soulagements aux malheureux,
n'aient jamais servi, surtout dans les siècles passés, à
sustenter l'opulence, l'oisiveté et l'amour de la bonne
chère?

En résumé, il serait certes absurde de blâmer, d'une
manière absolue, la fondation des hospices, des hôpitaux
et celle d'un petit nombre de couvents très-utiles à la société; mais il n'en est pas moins vrai qu'il en est de ces
institutions comme de toutes les autres choses avantageuses trop étendues ou trop multipliées. Les bonnes
choses même ont leur excès. S'occuper spécialement,
en France, d'agrandir les établissements de bienfaisance,
en ériger de nouveaux, ce n'est pas mettre en pratique
les moyens les plus énergiques d'empêcher la croissance
du paupérisme; c'est le plus souvent adoucir, pallier le
mal, sans l'expulser, sans l'empêcher de renaître avec la
même intensité; c'est en un mot, au sujet d'un arbre
qu'on essaierait de faire périr, lui couper une grande
partie de ses rameaux, au lieu de l'attaquer au tronc ou
à la racine.

Du minimum du taux des salaires.

Il y a des philanthropes qui désiraient que l'on promul-
guât une loi déterminant le minimum du taux des salaires, c'est-à-dire une loi stipulant, par exemple : que
l'on ne pût accorder à un artisan moins de 2 fr. 50 c. dans
les villes, et 2 fr. dans les campagnes, pour douze heures
de travail; à un manœuvre pas moins de 2 fr. dans une
ville et 1 fr. 50 à la campagne; et à une ouvrière ou à une
servante au-dessus de dix-sept ans pas moins de 1 fr.
pour la même durée de travail.

Il serait sans contredit très-désirable que l'on trouvât
un moyen légitime d'élever le taux des salaires; car l'insuffisance actuelle des salaires est une des causes générales
de l'accroissement de l'indigence parmi les individus valides et mariés. Mais pourquoi le prix du travail éprouve-
t-il chez nous, depuis environ ving-cinq ans, une tendance à baisser, tandis que celui des choses les plus nécessaires à la vie augmente?

Il faut attribuer ce double résultat presque uniquement
à l'exubérance de notre population. Le travail vaut incon-
testablement bien plus dans un pays prospère où les ouvriers ne surabondent point, que dans un pays surchargé
d'habitants.

La France et les États-Unis sont deux contrées d'un aspect florissant, et néanmoins, il est hors de doute que
dans celle-ci l'ouvrier est à la fois mieux payé, mieux
nourri, logé, vêtu que dans celle-là, quoique la moyenne
des naissances par famille soit de beaucoup inférieure
dans la première que dans la seconde [1]. D'où provient cette
différence de bien-être matériel entre les ouvriers de ces
deux États? Elle a sa principale raison d'être dans la rareté ou dans la chèreté des terres en France, opposée au
peu de valeur du sol défriché des États-Unis, et à l'immense quantité de bonnes terres incultes ou disponibles
dans ce dernier État; c'est-à-dire qu'elle provient de la
différence de la densité de population dans les deux
pays.

Chez nous, une multitude de fils de cultivateurs aisés,
ayant chacun cinq ou six enfants, se voient contraints,
faute de terre, c'est-à-dire à cause du petit lot de terre
qui doit leur échoir en partage après le décès de leurs
parents, de renoncer à la carrière agricole, la plus indis-

____

[1] Suivant M. Mallet, la moyenne des naissances par mariage n'est
que de 3,75 en France. En Amérique cette moyenne est de 8, selon
Francklin et selon d'autres écrivains.

pensable, la plus saine et la plus indépendante des professions, pour se vouer à une branche quelconque de l'industrie ou du commerce, circonstance qui, plus tard, réduit un grand nombre d'entre eux à la nécessité de chercher du travail dans les villes. Aux États-Unis, au contraire, un cultivateur aisé, quel que soit le nombre de ses enfants, peut facilement s'approprier assez de terrain pour leur faire embrasser à tous la profession agricole; voilà pourquoi dans ce dernier pays les ouvriers attachés à l'industrie abondent moins qu'en France. Un patron, s'il congédie un de ses ouvriers, n'y trouvera pas, comme chez nous, dix autres pour le remplacer; on n'y voit point non plus vingt solliciteurs se presser, se heurter, se chercher des protections pour obtenir la plus petite place vacante. En un mot, notre patrie renferme un fort excédant de population lequel sans le secours de l'industrie et du commerce périrait de faim, tandis que les États-Unis pourraient aisément fournir du travail agricole à une population double, quadruple de leur population actuelle, et pourvoir à son existence, même sans l'intervention du commerce extérieur.

Dans une contrée prospère, mais médiocrement peuplée, les patrons se voient contraints d'offrir des conditions avantageuses à leurs ouvriers, pour les maintenir dans leurs établissements, tandis que, dans un pays surchargé de population, ceux-là profitent de la surabondance des ouvriers pour leur imposer une réduction de salaire, contre laquelle la faim de ces derniers et celle de leurs familles ne leur permettent point de se défendre[1].

[1] Ces vérités sont confirmées par des témoignages imposants :

Il est incontestable que la rétribution du travail est abandonnée au hasard ou à la violence (Napoléon III).

Le bas prix des salaires est un des plus grands vices de l'ancien monde : on ne peut appeler heureuse une société où, par la modicité et l'insuffisance des salaires, les salariés ont une subsistance si

Ce taux peu élevé des salaires est pour la société l'origine de bien des maux. Que de pères de famille réduits à une extrême indigence, soit par la faiblesse de leur gain, soit par la durée de leur chômage. Que de jeunes filles, privées de l'appui de leurs parents, ou forcées de se suffire à elles-mêmes, et ne gagnant que 40 à 50 centimes par jour, sans être nourries, allient d'abord le vice au travail pour subvenir à leur existence, puis, peu à peu abandonnent le travail pour se jeter corps et âme dans le gouffre sans issue de la prostitution. Qui pourrait compter le nombre des condamnés que la misère, engendrée par l'insuffisance des salaires, a poussés à commettre un vol, leur premier pas dans la voie du crime !

Il serait donc éminemment utile que l'on découvrît un moyen équitable d'élever le taux des salaires. Mais ce moyen consiste-t-il à fixer un minimum? A notre avis, non; car ce minimum n'augmenterait point les productions, ni ne diminuerait les consommations du pays. En second lieu, en élevant d'une manière violente le prix du travail, on accroîtrait assurément la durée du chômage. Aussi nous paraît-il de beaucoup préférable de recourir à d'autres mesures, qui, en restreignant le nombre de bras offerts, diminueraient à la fois l'interruption du travail, et détermineraient, sans l'intervention d'aucune loi *ad hoc*, les patrons à élever eux-mêmes le taux des salaires au niveau des besoins légitimes du travailleur.

bornée que, pouvant à peine satisfaire à leurs premiers besoins, ils n'ont le moyen ni de se marier, ni d'élever de famille, et sont réduits à la mendicité aussitôt que le travail vient à leur manquer, ou que l'âge et les maladies les forcent à manquer au travail (Francklin).

L'insuffisance des salaires est une cause de décadence pour une manufacture, comme le haut prix est une cause de prospérité (Le même).

De l'agriculture.

Les progrès qui restent à faire à l'agriculture en France, peuvent-ils amener une réduction sensible de l'étendue du paupérisme?

Il y a des hommes qui le prétendent, et qui fondent cette assertion sur le nombre d'hectares de terrains qui y sont encore en friche.

Sans doute, il reste encore en France des terres non cultivées, même dans les départements, tels que le Nord et le Bas-Rhin, où l'agriculture est parvenue à un haut degré de perfection. Mais quelles terres? des terres calcaires, pierreuses ou sablonneuses, argileuses ou tourbeuses, etc.; en un mot, des terres presque dénuées de tout principe de fécondité, telles que le Créateur en a répandu, par intervalles, sur toute la surface du globe, et dont les meilleures ne produisent que des broussailles ou un peu d'herbe maigre, courte et clair-semée.

En 1848, et plus tard encore, on essaya dans nombre de communes de faire fructifier quelques-unes de ces terres, en les distribuant, libres de toute redevance, aux habitants de ces communes. Mais la plupart de ces tentatives furent vaines, et n'aboutirent qu'à confirmer l'opinion générale des cultivateurs, qui considéraient cette partie du sol comme trop ingrate pour leur fournir une compensation équivalente de leurs peines et du prix de la semence.

Ces terres sont du reste loin d'être complétement inutiles aux communes qui en possèdent; les meilleures servent à compléter la subsistance de leurs troupeaux pendant une partie de la belle saison, et contribuent ainsi au développement physique des quadrupèdes et à la production des viandes. Probablement que l'unique moyen de retirer d'un certain nombre de ces terrains médiocres une plus grande utilité encore, ce serait d'en ordonner le boisement à claire-voie.

D'ailleurs, que peut-on exiger de plus de l'agriculture française, lorsqu'on sait que ses progrès ont été tels, qu'ils ont concouru, avec l'accroissement de la population, à faire doubler le prix des bonnes terres et tripler celui des engrais, en moins de vint-cinq ans; lorsqu'on voit que la population agricole y est tellement active à tout exploiter qu'elle a brisé des parties de roc avec de la poudre, pour construire avec des éclats de pierre, à différentes hauteurs, des murs qui soutiennent un peu de terre, péniblement apportée à bras d'homme, et qu'elle a resserré le lit des rivières pour s'approprier un terrain graveleux, qui a été ensuite recouvert d'une couche de terre végétale.

Aussi, loin d'être fondé à prétendre que la charrue doive encore conquérir du terrain en France, il est, au contraire, manifeste qu'elle n'a que trop empiété sur l'antique domaine des forêts et sur celui des prairies[1]. En effet, malgré la consommation d'un immense volume de houille, malgré la grande quantité de bois et de foin que notre commerce retire de l'étranger, il n'en est pas moins vrai que le prix de ces deux dernières productions a doublé chez nous dans l'espace de trente ans, tandis que celui des subsistances alimentaires de première utilité, à l'exception du blé, n'a environ haussé que d'un tiers dans le même laps de temps.

Conséquemment, il ne reste à l'agriculture d'autres progrès à obtenir en France que l'amélioration lente du sol et celle des procédés de culture, et encore est-il très-probable que, même sous ces deux rapports, on ne doive point compter sur de rapides et brillants résultats.

En résumé, on peut hardiment affirmer qu'en France ce ne sera jamais par l'ameublissement, par l'amélioration

---

[1] C'est à la diminution des pâturages en France autant qu'à l'accroissement de la consommation que l'on doit attribuer l'augmentation successive du prix de la viande, depuis un quart de siècle.

et par la culture de toutes les terres médiocres que l'on résoudra le problème de la diminution du paupérisme. L'emploi de ces moyens exige trop de temps, de travaux, de connaissances, de capitaux.

De l'industrie et du commerce.

Il n'est point rare de rencontrer des hommes qui croient que, pour assurer la sécurité future et la prospérité générale des habitants de la France, il suffit, à l'exemple de l'Angleterre, d'employer l'excédant de notre population à multiplier les produits de l'industrie et d'échanger la valeur de ces produits contre des denrées et d'autres marchandises exotiques.

Au premier abord un tel système social paraît devoir amener les plus heureuses conséquences; mais en l'examinant avec plus d'attention, on s'aperçoit qu'il offre des inconvénients assez graves et, dans certains cas, des dangers très-réels pour l'avenir de notre patrie.

En effet, si l'Angleterre peut nous servir de modèle sous quelques rapports, ce n'est certes pas au point de vue de la diffusion du bien-être dans cette contrée. Les pauvres, les malheureux y fourmillent, malgré l'étendue tant prônée de ses richesses. Dans un grand nombre de fabriques, de manufactures, les ouvriers et les ouvrières, et jusqu'aux enfants, y sont assujettis à seize heures de travail par jour, pour permettre à la nation anglaise de fournir, à bon marché, ses nombreuses marchandises aux autres peuples de l'univers. La seule ville de Manchester, qui passe pour une des plus florissantes cités de la Grande-Bretagne, ne compte pas moins de 50,000 à 60,000 mille âmes qui habituellement encombrent ses hôpitaux et ses hospices. *Ab unâ disce omnes.*

De plus, dans ce pays, la moralité des classes ouvrières y est dans un état déplorable, parce que les grands centres de fabrication, dont l'Angleterre est parsemée, sont com-

munément des foyers de corruption pour les mœurs, et
une cause d'affaiblissement pour la constitution physique
de l'espèce humaine.

Enfin, à la moindre crise financière ou commerciale,
il s'y manifeste une vaste stagnation dans les affaires, dans
le travail; calamités intermittentes qui planent au-dessus
de tout pays qui se place dans la nécessité de demander
à la marche constante de l'industrie et du commerce la
subsistance d'un trop grand nombre de ses habitants[1].

D'autre part, la situation politique de la France ne doit
nullement être assimilée à celle de l'Angleterre. Un même
système industriel et commercial peut convenir à celle-ci,
et présenter de graves inconvénients pour celle-là. La
France n'est ni une île, ni une puissance maritime hors
ligne, et, par conséquent, il ne lui est nullement possible,
dans presque toutes les circonstances, comme à l'Angleterre, de protéger, à l'aide d'une flotte sans pareille, le
débouché des produits de son industrie, la rentrée des
subsistances et celle des autres marchandises exotiques.

D'ailleurs, l'augmentation probable de la population
française, jointe au manque des bonnes terres encore incultes chez nous, devant presque d'année en année provoquer l'importation d'une quantité toujours plus considérable de denrées étrangères, il est certain qu'à cette
intention on ne pourra guère, dans un avenir plus ou
moins approché, s'adresser aux contrées limitrophes de la
France, attendu que les mêmes causes qui rendent nos

[1] Voici un cas particulier des dangers que présente l'extension de
l'industrie :

L'industrie des cotons occupe dans notre pays 274,930 ouvriers.
Pour l'approvisionnement de cet objet important, la France, ainsi que
l'Angleterre, dépend des États-Unis. « Si par malheur, dit M. Morreau
de Joannès, dans sa *Statistique de l'industrie*, cette importation était
empêchée par la guerre ou seulement par un bill de *non-intercourse*,
il en résulterait pour ces deux pays des perturbations si grandes
qu'on ne saurait en calculer les effets.

produits alimentaires de première nécessité de plus en plus insuffisants pour l'entretien de notre nombreuse population, contribuent, chez nos voisins, à réduire successivement la quantité des exportations de cette nature. Il faudra donc, un jour, pour obtenir notre complément de subsistance, que nous ayons recours aux contrées d'outremer, au Levant, aux Indes, à l'Amérique, etc. Mais pour que la France fût en état d'entretenir une communication non interrompue avec ces plages lointaines, il serait indispensable qu'elle possédât l'empire de la mer, ou du moins qu'elle eût à sa disposition une flotte assez nombreuse pour tenir tête à celle des Anglais ; autrement, dans toute guerre qu'elle soutiendra contre ces insulaires, ceux-ci auront l'avantage d'anéantir notre commerce maritime, et d'avoir contre nous un auxiliaire puissant, la disette, surtout si la lutte supposée traîne en longueur, si nos récoltes laissent à désirer, et si ceux-là réussissent, comme trop souvent, à gagner l'alliance de nos autres voisins.

Or, la France tient au continent ; elle est et doit être avant tout une puissance continentale. Outre qu'il ne lui serait certes pas aussi facile qu'à l'Angleterre de recruter un aussi grand nombre d'excellents matelots, la construction d'une flotte numériquement aussi forte que celle de cette puissance, l'entretien d'une telle flotte conjointement avec celui d'une armée de terre aussi formidable, aussi colossale que la nôtre, tariraient bientôt la source des revenus publics.

Ainsi, quoique les guerres tendent ostensiblement à devenir moins longues et moins fréquentes, bien que la France et l'Angleterre, tant de siècles ennemies acharnées, ont enfin compris l'une et l'autre que leur intérêt mutuel et celui de la civilisation leur commandent de rester unies, néanmoins, l'incertitude des événements futurs et la nécessité d'empêcher la croissance du paupérisme conseillent à notre patrie de se borner à être une puissance continentale de premier ordre, et à n'entretenir qu'une marine de seconde ligne.

Par conséquent, l'extension incessante donnée à l'industrie et au commerce ne lui offre point un ravitaillement toujours certain, ni un avenir exempt de tout danger, ni une réduction assurée du paupérisme; donc finalement elle doit, quant aux subsistances alimentaires de première nécessité, s'efforcer de se suffire à elle-même. Mais comme elle est actuellement trop peuplée pour atteindre ce résultat, et qu'elle ne doit pas toujours compter sur des récoltes abondantes, il faut qu'elle réduise et qu'elle limite le chiffre de sa population.

La France contient-elle un excédant de population?

Une contrée dont toutes les bonnes terres sont judicieusement mises en rapport, et dont les productions agricoles de première nécessité ne peuvent, en moyenne, suffire à la consommation annuelle de ses habitants, renferme une population dont la subsistance excède les facultés productives de son sol. Une telle nation obtient de l'étranger son complément de moyens d'existence, à l'aide d'un échange des produits de son industrie contre des denrées et contre d'autres marchandises. L'excédant de population y est d'autant plus considérable que le chiffre des importations des choses les plus nécessaires à la vie y est plus élevé.

Toute contrée qui se place dans de telles conditions se trouve évidemment dans une situation précaire, attendu que ses moyens d'existence dépendent en partie de ses relations amicales avec les pays étrangers, relations qui sont sujettes à être entravées ou à être interrompues. Or, la France, quoique l'agriculture y ait fait de grands progrès, bien que toute la partie fertile de son sol soit, depuis vingt ans au moins, totalement exploitée, ne peut faire face à sa propre consommation, ni en céréales,

ni en viandes, ni en huiles, ni en cuir, ni en chanvre, ni
en matières combustibles, donc elle renferme une exubérance de population [1].

Quelle influence cet excédant de population a-t-il exercé
sur le sort des masses ? Il a contribué à la diminution des
salaires, à la prolongation du chômage et à l'élévation du
prix des denrées. Malgré l'aspect florissant de l'agriculture, de l'industrie et du commerce, on voit chez nous
une foule d'ouvriers réduits à la misère, soit par l'interruption du travail, soit par la modicité des salaires. Il en
résulte qu'une partie de cette classe souffre, végète, s'é-
tiole, dépérit lentement, ou tombe à la charge de la société.

Objection. On pourrait objecter qu'il y a toujours eu,
en France, pendant la mauvaise saison, cessation de
main-d'œuvre pour une partie des ouvriers.

On doit en convenir ; toutefois cette interruption périodique du travail paraît avoir été moins longue, moins
étendue, il y a vingt-cinq ans, parce que les ouvriers
attachés à l'industrie étaient plus rares, proportion gardée
de l'extension que nos affaires ont acquise. Et si tout le
monde n'est point de cet avis, on conviendra du moins
que si les ouvriers n'abondaient point, le chômage diminuerait rapidement ; car l'industrie et le commerce fe-
raient exécuter pendant la mauvaise saison une foule de

[1] De 1853 à 1857, la France a dépensé environ 770 millions pour
achat de céréales à l'étranger (*Journal des Débats*).

Dans la seule année 1857, on a introduit en France 42,000 bœufs
ou taureaux, 59,000 vaches, 35,000 veaux ou génisses, 390,000
moutons (*Moniteur universel*).

On objectera que ces importations élevées n'ont eu lieu qu'à la
suite de plusieurs récoltes médiocres. Sans doute ; mais de telles années peuvent revenir, de pires encore.

D'ailleurs, il est certain que la France, même en supposant qu'elle
obtienne plusieurs récoltes moyennes consécutives, ne peut suffire à
sa propre consommation, ni en céréales, ni en viandes, etc.

travaux qui sont remis au printemps. Ainsi, tel particulier ayant conçu, vers la fin de l'automne, le projet de faire construire une maison, s'il savait que les ouvriers fussent moins faciles à trouver pendant la belle saison, n'attendrait point, comme cela se pratique habituellement, jusqu'au retour du mois de mars prochain pour commencer la réalisation de son dessein.

Sans retard il irait s'entendre avec l'entrepreneur pour qu'on exécutât pendant l'hiver différents travaux, tels que la démolition de l'ancien édifice, le creusement des fondations, la taille des pierres, la préparation de la charpente, la menuiserie, la serrurerie, etc.

Il en serait de même pour une multitude d'autres travaux qui restent suspendus jusqu'au retour du printemps, parce qu'on sait qu'à cette époque les ouvriers ne manqueront pas, et parce que le travail fait en hiver est un peu plus dispendieux, et généralement un peu moins bien exécuté que celui qui a lieu dans la belle saison.

Une autre conséquence bien déplorable de l'excédant de population et, par suite, de l'abaissement des salaires, c'est l'augmentation considérable, depuis vingt-cinq ans, du nombre des enfants illégitimes et surtout de celui des enfants trouvés. Beaucoup d'ouvriers, n'ayant devant eux, en cas de mariage, que la triste perspective d'une longue misère, contractent des alliances irrégulières, qui à la fois augmentent le chiffre de la population et satisfont leurs convoitises, sans leur laisser une charge à laquelle ils ne puissent se soustraire, dès qu'elle leur devient intolérable.

Autre objection. Il y a des hommes qui prétendent que jamais un pays n'est trop peuplé, que plus les habitants s'y multiplient, plus le bien-être s'y accroît, s'y généralise.

Cette croyance, pour être ancienne, pour avoir pris naissance à une époque où le monde n'était guère peuplé, et avoir été répétée d'âge en âge jusqu'à nos jours, n'en

est pas moins erronée, si on l'admet comme principe
absolu.

D'abord Dieu lui-même, dont les préceptes, s'ils étaient
universellement pratiqués, procureraient à l'humanité un
bien-être vivement progressif dans ce monde et la félicité
éternelle dans l'autre, ne paraît guères approuver l'accroissement trop intense de la population dans des pays
déjà notablement peuplés. En effet, à l'origine des siècles
où la terre était dépourvue d'habitants, nous le voyons
permettre la polygamie aux patriarches et inspirer aux
Israélites, instruits et guidés par sa sagesse, une anti-
pathie tellement générale pour le célibat, que les personnes qui, par esprit de continence, fussent demeurées
dans cet état, eussent été impitoyablement couvertes
d'opprobre. Plus tard, à l'apparition du Christianisme,
le globe étant déjà couvert d'une population nombreuse,
le divin fondateur de cette religion proscrit la polygamie,
et par la bouche de saint Paul élève la chasteté absolue au
premier rang des vertus [1].

Mais ne nous bornons point à ces citations, joignons-y
une hypothèse.

Soit situé où l'on voudra, un pays bien gouverné,
ayant des impôts modérés, des dépenses publiques bien
réglées, ennemi de toute spoliation, de toute conquête,
garantissant à chacun de ses habitants la tolérance religieuse, la sécurité, la justice. Supposons que ce pays ne
puisse, faute de bras, faire fructifier toutes ses bonnes

---

[1] M. Reboul, dans sa *Statistique du paupérisme dans le département du Bas-Rhin*, fait remarquer que les Israélites comptent dans
ce département, proportionnellement à leur nombre, plus d'indigents
que les catholiques et les protestants. Or, les Israélites sont les gens
les plus actifs, les plus rusés, les plus sobres, les plus économes
qu'il y ait. Mais ce sont eux aussi qui, par famille, ont le plus d'enfants.

Concluez donc d'une manière absolue que l'accroissement de la population favorise l'extension du bien-être.

terres. Une telle contrée a évidemment une grande quantité de travail disponible; elle recèle dans cette partie de son sol fécond, mais encore inculte, une grande somme de biens, de richesses, que l'accroissement seul de la population lui permettra d'extraire. De plus, ce pays n'étant guère peuplé, les villes et les villages y sont très-espacés, et, par suite, les achats, les ventes, les transports, les échanges de services y occasionnent une perte de temps plus considérable que si les habitations y étaient moins disséminées.

Donc, ce pays a intérêt de voir accroître le nombre de ses habitants, conformément d'ailleurs à cette loi sociale incontestable, mais nullement absolue, formulée par l'illustre Bastiat : « Toutes choses égales d'ailleurs, la densité croissante de population équivaut à une facilité croissante de production[1]. »

Supposons, en outre, que la population de ce pays s'accroisse annuellement et qu'à mesure que l'agriculture s'étende sur les bonnes terres auparavant délaissées, l'industrie et le commerce y fassent de leur côté quelques progrès. En vertu de la loi précitée, le bien-être de la population de ce pays augmentera annuellement; de plus, l'immense majorité des habitants se livrant au travail agricole, uniquement sur les terrains fertiles, et la culture des terres y ayant atteint un certain degré de perfectionnement, il est manifeste qu'une telle contrée produira, pour le moins, assez de choses de première nécessité (denrées, lin, chanvre, laine, bois) que n'en réclamera la consommation de tous ses habitants. Il est encore évident, si on accorde à ces divers développements hypothétiques une continuité suffisante, qu'il viendra une époque où tout le terrain fertile de cette contrée sera mis en rapport, et où les choses les plus indispensables à

[1] Voir les œuvres de Bastiat.

la vie produites par ce pays suffiront tout juste à la consommation de ses propres habitants. Jusqu'ici le bien-être
a marché en croissant. Or, nous disons qu'à partir de ce
moment, cette contrée n'a plus intérêt à voir augmenter
le chiffre de sa population.

A cet effet, il suffira de prouver que si le nombre des
habitants s'y accroît encore, le paupérisme, qui déjà s'y
est implanté, comme dans toute société humaine, va s'y
étendre rapidement. En effet, toutes les terres fertiles de
cette contrée étant intelligemment exploitées, et la population poursuivant son accroissement, une petite partie de
ce nouvel accroissement se verra contrainte, pour acquérir ses moyens d'existence, de défricher, d'améliorer,
de labourer les terres ingrates, médiocres, peu productives, tandis que l'autre partie, la plus grande, mettra,
bon gré mal gré, son activité au service de l'industrie et
du commerce. Auparavant l'agriculture était susceptible
de recevoir chaque année une extension plus grande que
l'industrie et le commerce, moins utiles que celle-là pour
soutenir l'existence humaine; maintenant, au contraire,
l'agriculture, faute de bonnes terres incultes, ne recevra
plus qu'un développement minime; une partie de la population des campagnes va se replier sur les villes, l'en-
ceinte de ces dernières s'agrandira, et l'industrie et le
commerce acquerront forcément un vaste développement.

Sans doute, dans ce cas encore, la loi de Bastiat con-
tinuera d'exercer sur cette société son action bienfaisante,
mais avec beaucoup moins d'intensité qu'auparavant; car
les villes et les villages y sont maintenant déjà très-rap-
prochés. De plus, ce faible avantage sera plus que contre-
balancé par les graves inconvénients attachés au développement trop étendu de l'industrie et du commerce. En
effet, le terrain médiocre qui a été défriché rapportant
peu, bientôt les productions de première nécessité de-
viendront insuffisantes pour l'entretien de la population

entière. Voilà donc ce pays, naguères encore se suffisant
à lui-même, le voilà devenu tributaire de l'étranger pour
une partie de ses subsistances, le voilà bien plus qu'auparavant exposé à la corruption des mœurs, que ré-
pandent sur lui les centres de fabrication; à l'affaiblissement de la constitution physique d'une partie de sa population, émanant de la même source; au rétrécissement
de l'intelligence, pour une foule d'ouvriers, provenant de
l'extrême division du travail; à la hausse du prix des
denrées résultant de la nécessité de faire venir du dehors
une partie des subsistances alimentaires; aux conséquences funestes et intermittentes des crises financières et
commerciales; c'est-à-dire à la stagnation du travail industriel, à la surabondance périodique des ouvriers, à la
baisse des salaires, et, pour toutes ces causes, à l'accroissement rapide du paupérisme.

Ces considérations au sujet des rapports naturels qui
existent entre l'étendue et la fertilité d'un pays et l'accroissement et le bien-être de la population, doivent nous
déterminer à reconnaître l'exactitude des deux principes
suivants :

1° Toutes choses égales d'ailleurs, la densité croissante
de population jusqu'à une certaine limite équivaut à un
accroissement de bien-être.

2° La population est parvenue à cette limite lorsque
toutes les bonnes terres d'un pays sont cultivées, et que la
production des choses les plus nécessaires à la vie y est
en équilibre avec la consommation de ces mêmes objets.

Si on fait une application particulière de ces principes
à la situation actuelle de la France, on en conclura que,
pour y restreindre infailliblement le paupérisme, il suffit
de la débarrasser de son exubérance de population.

Après nous être efforcé jusqu'à présent de prouver
qu'indépendamment de l'exercice de la charité privée et

de la bienfaisance officielle, les contrées populeuses possèdent un moyen plus énergique encore pour diminuer
l'étendue du paupérisme, celui de réduire et de limiter
le chiffre de leur population, il ne nous reste plus qu'à
parler de la méthode la plus simple et la plus sûre d'atteindre en France ce double résultat.

TROISIÈME PARTIE.

De la contrainte morale et de la lactation triennale.

Le problème du ralentissement de la multiplication des
membres d'une société peut-il être pratiquement et complétement résolu par la prédication de la contrainte morale ou par celle de la lactation triennale?

Un célèbre économiste anglais, Malthus, saisi d'une
impression douloureuse à l'aspect des maux innombrables
qui viennent fondre sur quelques sociétés, par suite de
la multiplication trop rapide de l'espèce humaine, ne voit
de remède à ces calamités que dans le retardement de la
conclusion du mariage, jusqu'à l'âge de vingt-huit à trente
ans, pour les deux sexes[1].

Sans doute, dans les pays très-peuplés, tels que la
France, l'Angleterre, l'Irlande, la Belgique, l'abstention
volontaire et absolue ou la contrainte morale jusqu'à cet
âge exercerait une influence très-heureuse sur le sort
des masses; mais c'est peu que d'indiquer un baume capable de cicatriser une bonne partie des blessures de l'humanité, lorsqu'on sait d'avance que l'immense majorité
de ceux qui auraient le plus besoin de ce remède spéci-
fique, refusera de s'en servir. Certes, quelques progrès

[1] Malthus ajoute que sans cette mesure il n'y a pas de bon gouvernement possible dans ces mêmes sociétés.

que fasse la civilisation, on peut néanmoins hautement affirmer que jamais ni l'éloquence la plus persuasive, ni la puissante autorité des lois religieuses, ni celle des lois civiles ne réussiraient, si elles étaient tentées de l'essayer, à soumettre un peuple à une telle contrainte.

Malthus n'a donc pas résolu le problème de la diminution du paupérisme.

Un autre moyen moins noble de contenir la population dans d'utiles limites a été proposé par Loudon, médecin philanthrope. Il ne s'agirait rien moins, ô effroi des dames de notre siècle! que de prolonger l'allaitement maternel des nouveau-nés durant une période de trois ans. A l'aide de cette mesure, vu l'antagonisme physiologique existant entre l'utérus et les *mammæ*, on parviendrait à mettre un intervalle de quatre ans entre les naissances. Non-seulement cet habile praticien s'efforce de démontrer que cet allaitement ainsi prolongé est conforme au vœu de la nature, mais encore qu'il offre le double avantage de développer puissamment la constitution physique des enfants et de conserver la santé des mères[1].

Si Loudon eût vécu à cette époque où Blanche de Castille allaita elle-même ses nombreux enfants et où ce bel exemple fut suivi par les dames de la cour et par les châtelaines du royaume, ou dans l'un de ces siècles où ces dernières se firent honneur de se livrer elles-mêmes aux occupations domestiques, soit en filant la laine qui devait servir à la confection de leurs vêtements, soit en apprêtant les modestes repas de leurs preux chevaliers, il aurait eu quelque chance d'être écouté; mais aujourd'hui, que l'un des devoirs les plus urgents et les plus inviolables de la maternité, l'allaitement maternel des enfants, est voué à un abandon de plus en plus étendu; aujourd'hui,

---

[1] Voir le traité de Loudon intitulé : *Solution du problème de la population et des subsistances.*

que l'accomplissement de cette fonction sanitaire et touchante, ainsi que les occupations tant soit peu onéreuses du ménage, telles que l'apprêt des aliments, sont considérés comme une atteinte au rang, à l'éducation, à la dignité d'une multitude de personnes, c'est prêcher dans le désert que de proposer une telle mesure pour restreindre l'étendue des souffrances humaines.

Oui, il faut le dire, dans l'intérêt de la vérité et sans la moindre intention de blesser qui que ce soit : si, d'une part, les hommes ont depuis soixante ans redoublé d'activité, d'énergie, de labeur intellectuel et corporel pour élever considérablement le niveau des sciences, pour faire fleurir l'agriculture, l'industrie et le commerce, pour faire marcher la civilisation à pas de géants, de son côté, le beau sexe a progressé aussi, en abandon d'une partie importante de ses devoirs maternels et domestiques, en oisiveté et en goût des parures.

En résumé, la lactation triennale, moyen infaillible de rendre stationnaire la population d'une contrée, n'a aucune chance d'être adoptée, ni chez nous, ni chez nos voisins. De plus, l'acceptation de cette mesure comme moyen spécial de réaliser la limitation des naissances est incompatible avec la morale chrétienne : elle ferait du mariage le *sacramentum bestiæ* de l'Apocalypse ; donc elle doit être rejetée.

De la guerre considérée comme agent de dépopulation.

Dans le but de réduire le chiffre de la population d'une contrée, faudra-t-il de temps à autre recourir à la guerre ?

Assurément non. Ce moyen serait inique, barbare, impie. Un gouvernement quelconque qui, sans nécessité hautement reconnue, suscite une guerre ou participe à une guerre commencée, méconnaît sa haute mission, ne

tient nul compte de la vie de ses administrés, et assume
sur sa tête la responsabilité de tout le sang que son agression ou sa coopération a fait répandre.

Heureusement aujourd'hui les progrès toujours crois-
sants de la civilisation et la politique sage et éclairée qui
préside au maintien de l'équilibre entre les puissances de
l'Europe, contribuent manifestement à rendre les guerres
moins longues et moins fréquentes. Le dernier conflit
qui a eu lieu en Orient est venu démontrer derechef qu'à
l'avenir toute lutte suscitée en Europe par la seule ambition devient, pour l'agresseur, inutile pour la conservation des conquêtes et odieuse aux regards des nations
civilisées. Cette guerre eût duré dix années dans l'un des
siècles précédents; elle a été close après dix-huit mois
d'hostilités.

Les esprits tendent plus que jamais à repousser l'idée
de guerre; peuples et gouvernements commencent enfin
à comprendre que leur bonheur et leur gloire réelle ne
dépendent point de l'extension de leurs frontières[1].

D'ailleurs, tant qu'il restera sous un ciel habitable une
seule plaine de terre végétale inhabitée et inculte, c'est à
la fois faire preuve de peu de discernement et insulter la
sagesse providentielle que de répéter, comme on l'entend
encore trop souvent, que les guerres entreprises même
sans motif valable par un pays très-peuplé lui sont souvent très-utiles, ne serait-ce que pour y détruire l'excédant de population et laisser plus de ressources aux sur-
vivants.

Singulière aberration de l'esprit humain, extravagance

---

[1] Nous aimons à citer ces belles paroles :

« J'aime à le proclamer hautement, le temps des conquêtes est
passé sans retour; ce n'est pas en reculant les limites de son territoire
qu'une nation peut être désormais honorée et puissante; c'est en se
mettant à la tête des idées généreuses, en faisant prévaloir partout
l'empire du droit et de la justice » (Napoléon III).

des plus monstrueuses que de prétendre que le carnage
de ses semblables accompagné de son hideux cortége, les
ravages, l'incendie, les privations, l'insomnie, les fatigues, la mutilation, l'accroissement de la dette publique,
les angoisses et le désespoir des familles, est quelquefois
un bienfait rendu à l'humanité!

Ne voyez-vous donc pas, vous qui émettez un tel avis,
que vous vous montrez plus barbares que les Chinois
eux-mêmes! Ceux-ci au moins se contentent, pour se débarrasser de l'excédant de leur population, de jeter à
l'abandon une partie de leurs enfants, de vouer à la mort
des êtres chétifs, encore privés du sentiment de leur infortune, tandis que vous, vous applaudissez à la destruction violente de l'homme au moment où il vient d'acquérir
tout son développement physique, à une des plus belles
époques de sa vie, lorsqu'il la quitte avec tant de regrets.

Esprits obtus, qui ne voyez point que si quatre ou cinq
contrées sont surchargées d'habitants, il y en a cinquante
autres qui ne contiennent pas le dixième de la population
que le sol fertile de ces dernières pourrait entretenir s'il
était entièrement exploité comme celui de la France!

Le Créateur a dit aux hommes : « Croissez, multipliez-
vous et remplissez la terre; » et non : Croissez, multipliez-vous, remplissez outre mesure une petite partie de
la terre, et lorsque vous y serez trop serrés, quand la
misère débordera chez vous, armez-vous contre vos voisins, mitraillez-vous, égorgez-vous, afin que ceux qui
survivent à la lutte puissent respirer plus à leur aise et
acquérir un accroissement de bien-être aux dépens des
morts.

Quel contraste triste et frappant la surface de notre
sphère ne nous présente-t-elle pas? D'une part, agglomération désordonnée de la population dans certaines contrées peu favorisées de la nature; d'autre part, dépeu-
plement presque complet de régions immenses et fécondes,

dont un grand nombre situées sous les climats les plus riants. Aussi que de maux, que de souffrances engendrées par ce désastreux encombrement de l'espèce humaine sur quelques points de l'univers! Quelle pitié, quelle humiliation d'y voir ce roi de la création auquel il a été donné une terre si vaste et si féconde, de le voir, même chez des nations fières de leur degré de civilisation, souvent réduit à une telle extrémité qu'il est contraint, à la fleur de son âge, d'implorer la charité de ses semblables pour subvenir faiblement à ses besoins et à ceux de sa famille, de contracter quelquefois des dettes qu'il lui est impossible d'acquitter, d'abréger la durée de son existence, tantôt par des privations trop longues et trop mortifiantes, tantôt par un travail trop assidu ou trop pénible.

A considérer le prix excessif des terres en France, le taux si élevé du fermage, à considérer enfin nos laborieux cultivateurs se donner mille peines pour rendre productif un sol quelquefois peu généreux et s'intenter les uns aux autres des procès, se vouer des inimitiés durables pour un sillon, pour un pouce de terre; à voir enfin nos petits agriculteurs, si avides d'arrondir leur chétif patrimoine, s'imposer tant de labeurs, tant de sacrifices pour acquérir au bout de longues années de travaux et de privations quelques misérables lambeaux de terre, ne dirait-on pas qu'il n'y a plus dans l'univers aucune parcelle de sol libre, et que la Providence a commis un quiproquo lors de la création, en donnant trop peu d'étendue à la terre ferme de notre globe?

Et cependant, dans l'Afrique, dans l'Océanie, dans la fertile Amérique surtout, il y a tant de plaines immenses douées d'une végétation prodigieuse, presque totalement dépeuplées. Que de trésors, quelle masse de bien-être l'humanité pourrait s'approprier si elle avait la sagesse de se distribuer convenablement sur ses vastes domaines! La nature produit tout avec profusion, elle paie le moindre travail avec usure; si l'espèce humaine se disséminait plus judicieusement sur toute la terre, il ne devrait y avoir de pauvres que parmi ceux qui s'adonnent à l'intempérance et à l'oisiveté; ceux-là, au contraire, qui chérissent le travail et l'ordre devraient nager dans l'abondance.

L'univers ne renferme actuellement que 1,150,000,000 d'habitants. Or, admettons que la France puisse à elle seule produire, comme cela est plus que probable, toutes les choses de première utilité nécessaires et suffisantes à la consommation de 34,000,000 d'âmes. Ceci admis, si on compare ensuite la superficie de la France avec celle de toutes les autres contrées réunies du globe, on trouve, en ayant même soin d'annuler un douzième de la superficie de ces dernières, à cause des terres improductives situées soit dans les cercles polaires, soit sous la zone torride, on trouve, dis-je, que notre sphère pourrait, si le bon terrain y était entièrement exploité, subvenir à l'existence de 7,666,000,000 d'habitants, c'est-à-dire à l'existence d'une population environ sept fois plus nombreuse qu'elle ne l'est actuellement. Et certes, ce résultat ne doit nullement paraître trop élevé; car s'il y a des pays moins fertiles que la France, il y en a un bien plus grand nombre qui l'emportent sur elle sous ce dernier rapport.

Jugez donc maintenant, hommes à courte vue, vous qui exaltez l'utilité des guerres, jugez combien celles-ci sont indispensables pour enlever à une contrée le trop-plein de sa population!

L'émigration jointe à la charité, voilà donc, au défaut de la pratique de la contrainte morale, voilà les deux grands et énergiques moyens donnés à l'humanité pour limiter la population d'une contrée, pour parvenir à l'extinction de la guerre et à l'obtention d'une prospérité bien plus générale; moyens aussi simples qu'infaillibles, indiqués l'un par Dieu lui-même (Genèse), l'autre par Jésus-Christ, moyens inséparables pour opérer un rétrécissement rapide de l'indigence, inébranlables ancres de salut offertes aux nations pacifiques et populeuses pour échapper aux nombreux écueils du paupérisme. Oui! l'encouragement à l'émigration, telle est, sans contredit, la principale mesure qui, en France et dans les autres pays trop peuplés, doit être substituée aux utopies du Communisme et du Socialisme, au droit au travail, au minimum des salaires et à tant d'autres systèmes compliqués que nous avons passés sous silence et qui sont frappés de stérilité, parce que, au lieu d'accroître le rapport de la production à la consommation, ou de limiter le chiffre des consommateurs d'un pays surchargé de population, ces systèmes se réduisent presque tous, en dernière analyse, à donner à Pierre ce qui a été prélevé sur Paul.

Remarque.

On sait que Henri IV, un des meilleurs rois de France, désabusé de cette vaine gloriole qui a poussé tant de monarques à rechercher avec avidité les aventures de la guerre pour obtenir une belle page dans l'histoire voulut, vers la fin de son règne, mettre fin aux horreurs du carnage international par l'organisation d'une alliance entre les principales puissances de l'Europe. Un tribunal suprême, composé de plénipotentiaires nommés par ces mêmes puissances, devait juger en dernier ressort toutes les contestations survenues entre les divers gouvernements, et l'épée d'une confédération européenne devait menacer celui des potentats qui refuserait de se soumettre pacifiquement aux décisions de cette haute cour de justice.

Un si noble projet élaboré à une telle époque fait le plus grand honneur à la haute intelligence et au bon cœur de ce roi paternel. Longtemps traité de chimère par les historiens eux-mêmes, le dessein de Henri IV ne doit plus aujourd'hui paraître irréalisable. Tôt ou tard les progrès de la civilisation, émanés en partie des dogmes

fraternitaires du Christianisme, conduiront l'humanité à
ce degré de grandeur et de sagesse ; mais certes, lorsque
cet âge d'or sera venu pour l'Europe, les hautes parties
contractantes de cette vaste confédération se verront successivement contraintes, pour se soustraire aux dangers
du paupérisme, en limitant la population de leurs contrées
respectives, de sacrifier annuellement pour l'encouragement à l'émigration une très-minime partie des sommes
incalculables que leur ont depuis des siècles coûté les ravages et les atrocités de la guerre, ou une faible partie
de celles que leur coûte encore annuelle ment l'entretien
de la paix armée.

L'émigration, outre qu'elle est une mesure très-peu
dispendieuse pour amener une réduction certaine du paupérisme dans une contrée populeuse, outre qu'elle a sur
la guerre l'avantage de substituer la création d'une infinité
de produits et le bonheur des familles aux ravages des
pays et à la mort violente de l'espèce humaine, l'emporte
encore sur celle-là par son efficacité dépopulatrice : en
effet, la guerre ne détruit que les hommes d'une contrée,
tandis que l'émigration lui enlève hommes, femmes et
enfants.

Autre remarque au sujet de la guerre.

Les poëtes et les historiens peuvent revendiquer une
large part des fleuves de sang que les guerres ont coûté
au genre humain depuis le siècle d'Homère jusqu'à nos
jours. Qu'il doit être difficile à un jeune souverain tout-
puissant de triompher de la passion d'agrandir ses États,
sachant que les écrivains traitent généralement les princes
pacifiques d'hommes faibles ou ineptes, et qu'ils exaltent
le mérite, éternisent la gloire, exagèrent les qualités et
déguisent les fautes de ceux qui ont le plus fait couler le
sang humain et qui ont réussi à reculer les limites de leur
domination.

Combien de souverains, impatients de se signaler par des victoires, ont dû se dire comme César, lisant Plutarque : « Alexandre avait subjugué tant de nations à mon âge, et moi je n'ai encore rien fait. » Paroles tant louées et qui cependant, dépouillées de leur faux éclat et réduites à leur juste valeur, peuvent se traduire ainsi dans la bouche du dictateur romain : « Les historiens et les poëtes ont élevé la gloire d'Alexandre jusqu'aux nues, parce que, poussé par son ambition insatiable, il a semé les dévastations et la mort sur les provinces d'un vaste empire; quand pourrai-je l'imiter pour acquérir une renommée aussi éclatante que la sienne? »

Un jour viendra, n'en doutons point, où, sous le rapport de la guerre, on écrira l'histoire tout autrement qu'elle n'a été généralement rédigée jusqu'à ce jour, où l'on préconisera un peu moins l'importance des conquêtes acquises au prix de flots de sang; où, au lieu d'exalter sans cesse la gloire du vainqueur, on cherchera avant tout, dans chaque conflit, à établir de quel côté se trouve le bon droit, la justice; où les succès les plus brillants ne feront point pardonner l'injustice d'une agression; où enfin, indépendamment des éloges donnés au courage, au dévouement, au vrai patriotisme, l'histoire impartiale n'en infligera pas moins un blâme mérité à tous les ambitieux sanguinaires qui ont suscité et prolongé les carnages humains.

La guerre, malgré les descriptions pompeuses et séduisantes, malgré les récits coloriés qu'en ont fait une multitude d'écrivains, ne sera jamais, aux yeux de la Providence, comme à ceux de tout homme éclairé et désillusionné, que le plus exécrable des forfaits, si elle n'est commandée par la plus impérieuse des nécessités.

Un économiste distingué, Say, a dit que les guerres cesseront lorsque les peuples n'auront plus l'imbécillité d'attacher de la gloire à des dangers courus sans nécessité. Il aurait dû ajouter : et lorsque les historiens et les poëtes s'abstiendront d'entretenir cette imbécillité, en épuisant toutes les formules de louanges pour chanter les prétendus exploits des agresseurs heureux.

Après cette courte digression, revenons à notre sujet.

De l'instruction primaire et de l'instruction religieuse.

Nous avons dit plus haut qu'indépendamment de la pratique de la bienfaisance, le moyen le plus énergique pour une nation trop compacte de rétrécir considérablement le gouffre de l'indigence, c'était l'encouragement à l'émigration. Outre cette dernière mesure, il en existe encore deux autres également importantes, mais dont les effets salutaires ne peuvent se produire que quinze ou vingt ans après l'époque où celles-ci seront rendues exécutoires. Ces mesures consistent : 1° à rendre l'instruction primaire et l'instruction religieuse obligatoires dans chaque culte reconnu par l'État, depuis l'âge de cinq ans jusqu'à celui de quinze; 2° à créer des entraves à l'immigration.

Dans une contrée telle que la France, où par l'incurie de leurs parents un bon tiers de la population ne sait même pas lire, il serait certes très-urgent de rendre l'instruction primaire obligatoire. Que de membres de la société le manque absolu d'instruction, d'éducation, ne conduit-il pas dans la voie de l'inconduite, de l'intempérance, de l'immoralité. L'homme étant un être éminemment perfectible, l'instruction développe ses facultés intellectuelles, élargit la sphère de ses idées, dilate son cœur, le rend plus sociable, plus obligeant, plus apte à suivre les lumières de sa raison et à exercer dans chaque acte de sa vie cette disposition si importante de son âme, la prévoyance. Si l'instruction primaire était dès à présent rendue obligatoire, on verrait plus tard dans la classe ouvrière une foule d'hommes retarder de quelques années l'époque de leur mariage, dans le but de se procurer

quelques ressources, et l'ordre, la tempérance, le contentement, le bien-être régnerait dans un plus grand
nombre de familles.

Quant à la religion, tout le monde sait qu'elle est la
base de la morale et de toutes les vertus solides. Si actuellement la jeunesse entière de la nation recevait l'instruction religieuse depuis l'âge de cinq ans jusqu'à l'âge
de quinze inclus, à raison de deux heures par semaine,
elle se ferait évidemment une idée nette et saine du con-
tenu des Écritures saintes et des dogmes de la foi, au sujet
desquels aujourd'hui une multitude de contempteurs, de
détracteurs de la religion n'ont qu'une connaissance in-
complète, confuse, erronée, parce que, malgré la vivacité
de leur esprit et malgré souvent l'étendue de leur savoir
profane, ils ne savent en matière de religion que ce qu'ils
en ont entendu dans des discours satiriques ou lu dans
des publications antireligieuses.

Parvenue à l'âge mûr, l'immense majorité de cette génération ainsi formée pratiquerait encore la religion qui
lui a été enseignée dans son jeune âge, et par suite, s'ef-
forçant d'acquérir la paix ou le contentement intérieur
dans ce monde et l'éternité heureuse dans l'autre, elle
lutterait avec plus d'énergie contre l'entraînement au mal,
fuirait les excès de tout genre, pratiquerait la charité,
chérirait la probité et le travail, sacrifierait le présent à
l'avenir, supporterait l'adversité avec résignation, et la
France compterait un bien plus grand nombre de bons
fils, de bons citoyens, de bons pères, de bons époux et
de femmes vertueuses.

De plus, cette même génération réprimant ses appétits,
gouvernant ses passions, s'astreindrait à limiter le nombre
des naissances pendant le mariage, sachant qu'il y a bien
plus de mérite aux yeux du Créateur et aux yeux d'une
société déjà très-propuleuse, de ne donner le jour qu'à
deux ou trois enfants et de les élever sortablement, que

d'en engendrer un plus fort nombre en les laissant végéter, se débattre, se consumer dans la misère. Enfin,
conformément aux principes d'une foi saine et bien comprise, cette génération considérerait chaque homme
comme son frère, à quelque peuple et à quelque religion
que celui-ci appartînt; elle serait bienveillante et secou-
rable envers tous, se gardant toutefois de ne pas tomber
dans l'excès opposé à l'intolérance, c'est-à-dire de ne
pas conclure de mariages mixtes, mariages déplorables,
si fréquents aujourd'hui, qui au bout de peu d'années,
dès la disparition des premiers feux de l'amour, amènent
la discorde, la désunion dans les familles, éteignent la
foi religieuse des enfants, et les conduisent sur la voie de
l'infortune et de l'immoralité.

Des obstacles à l'immigration.

De toutes les contrées de l'Europe il n'en est aucune
qui accorde autant de facilités que la France à l'immigration des travailleurs étrangers, facilités dont surtout nos
confrères d'outre-Rhin usent très-largement.

En effet, on voit une foule de ces derniers, impatients
de se soustraire au joug du régime féodal, arriver en
France, sans y apporter de capitaux, y travailler pendant
une certaine époque en qualité d'ouvriers, y ramasser un
léger pécule à la faveur d'une sévère parcimonie, y
épouser une Française et se livrer ensuite pour leur propre
compte, d'abord petitement, à une branche quelconque
de l'industrie ou du commerce, sans qu'ils aient éprouvé
la moindre difficulté de la part des autorités locales.

Il y en a même qui, après s'être mariés et établis définitivement en France, ne jugent point à propos de soumettre leurs fils à la loi de la conscription militaire,
quoique, du reste, ces derniers soient nés en France,
qu'ils y aient été élevés et qu'ils y séjourneront pendant
toute leur vie.

On objectera que ces étrangers ne jouissent cependant
pas de toutes les prérogatives attachées au titre de citoyen
français, par exemple du droit de suffrage aux diverses
élections, de celui d'être membre du jury, etc. Eh! que
leur importe la possession de ces attributs! L'essentiel
pour eux c'est d'avoir pu se fixer en France sans le moindre
obstacle et d'y faire prospérer leur négoce ou leur industrie à l'ombre de la protection d'une puissante nationalité.

De tels priviléges contribuent manifestement à restreindre le bien-être des ouvriers indigènes. Quoique la
haine entre les peuples soit une chose absurde aux yeux
de la raison et qu'elle tende insensiblement à disparaître,
néanmoins une contrée quelconque ne doit favoriser l'immigration que lorsqu'elle manque de bras pour faire
fleurir son industrie et son commerce, mais surtout lorsqu'elle renferme une grande quantité de bonnes terres
encore en friche. Or, la France est loin de se trouver dans
l'une ou l'autre de ces conditions.

Il serait donc urgent d'opposer quelque entrave à l'établissement des étrangers sur le territoire français. A la
vérité, il ne serait guère fraternel de leur défendre l'en-
trée de notre pays. On leur permettrait d'y venir travailler
sous la dépendance d'un patron français; mais ils ne devraient pouvoir se livrer pour leur compte à une branche
quelconque de l'industrie ou du commerce qu'à la condition de se munir immédiatement du droit de cité,
moyennant l'exhibition de bons certificats et moyennant
le paiement d'une somme au moins de 1000 fr., au profit
de la commune où ils établiraient leur résidence.

Rien n'empêcherait d'ailleurs l'État d'accorder gratuitement ce droit de cité aux étrangers qui auraient rendu
quelque service important à notre patrie.

De plus, un étranger ne devrait être autorisé d'épouser
une Française qu'à la condition de posséder préalable-
ment ce droit de cité, ou à celle d'emmener sa femme

hors du pays aussitôt après la conclusion du mariage. Enfin, tous les fils des étrangers définitivement établis en France, soit comme ouvriers, soit comme patrons, devraient être assujettis à la loi de la conscription militaire.

Ces quelques entraves opposées à l'immigration détermineraient sans nul doute une foule d'ouvriers étrangers à ne faire en France qu'un séjour peu durable.

Et qui aurait droit de se plaindre de l'application de ces mesures restrictives? Les États de la Confédération germanique, la Prusse, la Suisse, etc., ont soin non-seulement de créer des difficultés aux étrangers qui viennent se fixer sur leur territoire, mais souvent même à leurs propres concitoyens pour un simple transfert d'une branche de l'industrie ou du commerce d'une ville ou d'un canton dans un autre. Pourquoi serions-nous plus généreux et moins prévoyants? L'industrie française n'a nullement besoin du secours des bras étrangers.

De l'émigration obligatoire,

L'émigration pourrait offrir deux caractères distincts : elle serait ou obligatoire ou volontaire.

Elle serait obligatoire d'abord pour tout homme condamné à cinq ans de réclusion pour délit ordinaire ou pour crime.

A cet effet, on créerait plusieurs vastes colonies pénitentiaires agricoles sur le sol fécond de l'Algérie, où aurait lieu la translation des condamnés. Quelle que fût leur profession, on les attacherait tous indistinctement à la culture des terres, laissant à chacun la facilité de travailler selon son aptitude et ses forces.

Les prisons sont, en général, un lieu d'endurcissement et de corruption. Pour s'en convaincre, il suffit de lire cet extrait du rapport que M. Béranger (de la Drôme) fit à la chambre des pairs, au sujet de la progression du nombre des récidives :

« La constante progression des délits est une vérité à
laquelle on ne saurait fermer les yeux.

« En moins de vingt ans, il y a eu augmentation de
moitié dans les préventions déférées aux tribunaux cor-
rectionnels.

« Mais ce qui est de plus en plus affligeant, c'est l'accroissement continuel et en quelque sorte régulier des
récidives; cet accroissement se manifeste tant parmi les
accusés de crime que parmi les prévenus de délits.

« Au 1er janvier 1846, sur une population mâle de
13,533 condamnés, on comptait 4537 récidives de la
première catégorie et 1138 de la deuxième, c'est-à-dire
que le nombre des individus itérativement condamnés
sans avoir subi la peine de la récidive qui leur était appli-
cable, excédait d'un quart celui des récidivistes frappés
de cette même peine; ainsi leur nombre total dans les
seules maisons centrales était de 5675, ce qui établissait
une progression de 41,78 0/0[1].

Il est donc démontré que le système pénitentiaire actuel
n'amende point, ne corrige point. Le régime cellulaire
même, tant prôné il y a vingt-cinq ans, commence à être
généralement abandonné à cause de ses tristes résultats.
Les colonies agricoles, au contraire, seraient pour les
condamnés un lieu de correction, de régénération. L'âme
contristée, bouleversée de ces malheureux reconnaîtrait
ses égarements, leur cœur endurci se dilaterait, s'épure-
rait, leur esprit aveuglé s'illuminerait d'une clarté nou-

---

[1] M. E. de Girardin fournit au sujet de la progression des délits les
données suivantes :

Population des prisons. Moyenne de 1830 à 1840 : 16,369.

         — de 1840 à 1850 : 18,641.

Libérations. Proportion : 35 0/0.

Récidives.   —   62 0/0 { hommes : 87. / femmes : 25.

      —   70 0/0 Melun.

4.

velle à l'aspect si fréquent des chefs-d'œuvre de la création et des productions si variées de la nature. Une trans-
formation intérieure s'opérerait en eux, lorsqu'ils se
verraient toujours face à face avec la Divinité, dont le
doigt tout-puissant se trouve si visiblement marqué dans
le ciel, dans les airs et sur la terre. Sans nul doute, un
tel régime d'expiation réveillerait dans la plupart de ces
hommes le sentiment de la dignité personnelle et les bons
instincts de la nature humaine, surtout si on avait soin
d'adjoindre au personnel de ces établissements un aumô-
nier chargé une ou deux fois par semaine de les instruire
sur les destinées de l'homme, sur ses devoirs envers
Dieu, envers lui-même, envers son prochain et envers la
société.

D'un autre côté, le corps de ces malheureux, au lieu de
se dessécher, de se consumer dans l'atmosphère étroite
et corrompue des prisons, se fortifierait sous l'influence
des occupations si hygiéniques de la campagne et sous
celle d'un climat devenu aujourd'hui très-salubre. En
outre, le travail des condamnés ne serait point, comme
il l'est actuellement, préjudiciable à quelques branches
de l'industrie privée, ni aussi peu avantageux pour l'État.

La détention des condamnés coûte annuellement à la
France plus de huit millions. Les colonies pénitentiaires
une fois organisées et le terrain étant en partie défriché[1],
l'existence des détenus ne coûterait rien ou très-peu de
chose à l'État; le fruit de leur travail suffirait très-probablement à couvrir la totalité des dépenses de leur entretien, surtout avec la facilité réservée à chaque établissement de proportionner l'étendue de la culture au nombre
des condamnés.

---

[1] La construction des bâtiments et les défrichements préliminaires
pourraient être avantageusement exécutés par notre brave infanterie
africaine, pour laquelle le travail en temps de paix est le plus puissant moyen d'acquérir plus de souplesse, plus de vigueur, plus de
résistance à la guerre.

La vente d'une partie des productions agricoles créées par ces colonies permettrait même d'accorder à chacun des détenus une allocation de 35 c. pour chaque journée de travail. Ce pécule ne serait mis à leur disposition qu'après l'entier écoulement de leur peine.

Il est évident qu'à l'époque de leur libération beaucoup d'entre eux, honteux de reparaître désormais en France et habitués au doux climat de l'Algérie, se fixeraient, les uns dans les villes pour y exercer leur ancienne profession, tandis que d'autres, connaissant la fertilité du sol algérien et le genre de culture qui lui est propre, s'établiraient dans les campagnes en se mettant au service des cultivateurs aisés, ou en exploitant pour leur propre compte des terres concédées gratuitement par l'administration.

C'est ainsi que la métropole se débarrasserait de l'écume de la société; les tribunaux n'offriraient plus l'affligeant spectacle de tant de récidives et le paupérisme verrait écrouler une de ses bases.

On pourrait objecter que ce mode de colonisation offrirait l'inconvénient de peupler cette belle contrée de citoyens peu honorables. Nous répondrons que la plupart des colonies aujourd'hui prospères n'ont pas été à leur origine habitées par les gens les plus estimables et que néanmoins l'expérience a prouvé que dans un assez court intervalle les mœurs y sont devenues bonnes, l'amour du travail s'y est substitué à quelques passions funestes, et le bien-être et l'aisance y ont surgi rapidement; car, selon la remarque judicieuse de quelques écrivains, il semble que ceux qui abandonnent leur mère-patrie y laissent une partie de leurs vices.

Quant à ceux des condamnés qui, après l'expiation de leurs fautes, désireraient retourner en France, on devrait les y ramener. Dans ce cas, au moins on aurait la consolation d'avoir très-probablement réussi à rendre ces derniers meilleurs, à les avoir mis en état de gagner leurs frais d'entretien pendant toute la durée de leur détention, et à les avoir fait concourir à la prospérité de l'Algérie.

Secondement, l'émigration serait encore obligatoire pour tous les enfants trouvés parvenus à l'âge de huit ans. On les éleverait en France jusqu'à cet âge; puis on les transférerait en Algérie dans de grands établissements agricoles, tel qu'il en existe déjà un dans la province d'Oran.

Non-seulement on exonérerait ainsi le pays de frais considérables, mais on assurerait mieux l'avenir de ces enfants qu'avec le mode actuel d'éducation usité pour eux en France. A l'âge de vingt-cinq ans, habitués à l'ordre, au travail, à la discipline, familiarisés avec la culture du pays, possédant une instruction primaire et une instruction religieuse satisfaisantes, sachant au moins un des métiers nécessaires dans un village, ils pourraient se marier avec les filles d'un établissement analogue et s'installer dans des villages, en partie construits par nos soldats, sous la direction du génie militaire, ou devenir les fermiers de ces grands concessionnaires de l'État qui laissent leurs propriétés incultes, attendant peut-être une plus-value pour les vendre.

De l'émigration volontaire en Algérie.

L'émigration volontaire pourrait être pratiquée sur une échelle plus ou moins étendue, suivant que l'excédant de population serait plus ou moins élevé. L'application de cette mesure simple et ancienne amènerait rapidement en France la réduction du chômage, de la mendicité, de la misère, des charges des établissements de bienfaisance; etc. Émigrants et restants y trouveraient leur avantage : les uns se créeraient par leur travail une existence désormais à l'abri des privations; les autres verraient leurs ressources personnelles prendre un accroissement notable. Mais pour que l'émigration fût suffisante, pour qu'elle produisît des résultats très-apparents, il faudrait l'encourager, la stimuler, applanir au partant la voie qui doit le conduire à sa destination, lui offrir dans certains cas quelques moyens d'asseoir les bases de sa nouvelle existence ; car ceux que le besoin, le courage personnel, l'amour du changement ou la perspective d'un sort meilleur portent à la pensée d'émigrer, manquent le plus souvent des ressources indispensables pour l'exécution de leur dessein.

Anciennement on a vu sur le littoral de la Grèce et de l'Italie quelques villes trop peuplées relativement à la petite étendue de leur territoire, avoir recours au tirage au sort pour connaître ceux de leurs habitants qui devaient abandonner le sol natal, dans le but de choisir sur un autre point du globe un terrain capable de suffire à leur existence. Riches ou pauvres, tous ceux dont le nom sortait de l'urne, étaient contraints à partir. De son côté, la métropole pourvoyait aux besoins les plus urgents de la nouvelle colonie, aux frais de voyage, d'installation, d'ensemencement et d'entretien pendant une courte époque.

Or, ni en France, ni dans aucune autre contrée européenne, il ne serait nécessaire d'en venir à un moyen aussi rigoureux. L'émigration pourrait être suffisante tout en conservant un caractère de spontanéité ; quelques légères concessions faites aux émigrants en accroîtraient considérablement le nombre.

L'encouragement à l'émigration pourrait être pratiqué de deux manières distinctes, suivant la destination des partants.

A ceux qui voudraient s'établir en Algérie, on leur fournirait, outre les frais de voyage, ceux d'installation, d'ensemencement et de subsistance pendant un ou deux ans. En revanche, on les soumettrait à la condition de ne

pouvoir revenir en France qu'à leurs frais et après une
absence au moins de sept ans. On ne devrait toutefois
accepter pour la culture du sol africain que des Français
qui seraient en état de justifier leur aptitude au travail
agricole par une pratique de plusieurs années. Recevoir à
cet effet indistinctement artisans et cultivateurs, comme
on le fit à une époque peu éloignée, c'est semer en partie
dans la bonne terre, en partie dans la terre aride; c'est
agir avec aussi peu de discernement que le maître qui
voudrait tout d'un coup convertir son apprenti en un ouvrier accompli. L'agriculture est sans aucun doute une
des professions dont la connaissance exige le plus de
temps.

L'Algérie pourrait à elle seule, pendant un ou plusieurs
siècles, recevoir et enrichir l'excédant de la population
française. La superficie de cette contrée est égale aux
deux tiers de celle de la France. Malgré son étendue et
sa fertilité, elle contient à peine trois millions d'habitants,
tant indigènes qu'Européens. Les recherches de quelques
savants constatent que si toutes les terres végétales y
étaient mises en rapport, elle pourrait facilement subvenir
à l'entretien de quinze millions d'habitants. L'élévation de
ce chiffre n'a rien qui doive nous surprendre, lorsqu'on
se rappelle que l'Algérie était autrefois couverte d'une
multitude de villes florissantes, dont les vastes ruines excitent encore aujourd'hui l'admiration du voyageur, et
qu'elle fut pendant plusieurs siècles le grenier de Rome,
conjointement avec l'Égypte et la Sicile.

Le sol y est généralement très-fécond et le climat si
doux que l'hiver n'y est dans la plaine qu'un printemps
pluvieux. Les chaleurs de l'été y sont très-supportables :
elles ne dépassent que de quelques degrés celles du midi
de la France[1].

[1] Beaucoup de personnes considèrent encore actuellement l'Algérie
comme une contrée malsaine. Elles sont dans l'erreur. J'ai habité ce

L'émigration dirigée vers ce pays serait sans nul doute l'expédient le plus prompt et le plus sûr de faire prospérer cette belle colonie, si proche de la France et qui pourrait plus tard puissamment contribuer à l'approvisionnement de la mère-patrie pendant les années extraordinaires où celle-ci n'obtiendrait que de récoltes très-médiocres. De plus, cette émigration enlèverait à une foule de villages français l'excédant de leur population, lequel, depuis vingt-cinq ans, faute d'y trouver de l'occupation suffisante, c'est-à-dire faute de bonnes terres incultes, se replie sur les villes et y augmente par intervalles le malaise, l'encombrement, le chômage, la misère, etc.

De l'émigration volontaire en Amérique.

Quant aux cultivateurs et aux artisans français qui désireraient s'établir en Amérique, on se bornerait à les défrayer de leur voyage à travers la France et à travers l'Océan. Leur embarquement ne serait effectué que pour deux destinations différentes, soit pour le Brésil, soit pour les États-Unis. Les traversées pourraient même être très-peu dispendieuses pour la France; car celle-ci dispose d'une flotte assez nombreuse, qui en temps de paix languit en partie dans ses ports et dont l'entretien ne laisse pas d'être coûteux pendant cette inaction. On pour-

pays pendant plusieurs années et je puis affirmer qu'il s'y trouve un grand nombre de Français qui y sont établis depuis quinze ou vingt ans sans y avoir jamais été atteints d'aucune maladie. Il est d'ailleurs incontestable que le climat s'y est avantageusement modifié à cause de l'influence très-salutaire qu'exercent les travaux de la campagne sur toute contrée auparavant presque inculte. Les pluies y sont plus fréquentes et plus corrosives qu'avant 1830, et les chaleurs plus modérées; en un mot, l'Algérie est aujourd'hui un pays salubre.

Il en est de même de quelques autres contrées situées sous la zone torride ou sous la zone tempérée, que l'ignorance et d'antiques préjugés font regarder comme insalubres et auxquelles il ne manque que le travail agricole pour les convertir en de riants séjours.

rait en détacher quelques frégates à vapeur pour leur confier le transport des émigrants, c'est-à-dire pour rendre à la patrie un service actuellement aussi utile que l'est, en d'autres circonstances, celui de la protéger contre les agressions du dehors.

Tous ceux qui émigreraient ainsi en Amérique au compte de l'État, seraient assujettis à la condition de ne pouvoir revenir en France qu'à leurs frais et après une absence au moins de sept ans.

Les colons n'éprouvent généralement de difficultés sérieuses et ne manquent en partie d'énergie et de persévérance que pendant les premières années de leur installation sous un autre ciel; et la fièvre du retour n'est à redouter pour eux que pendant cette courte période.

Il est certain qu'après ce laps de temps obligatoire de sept années, tous seraient solidement établis sur le territoire de leur patrie adoptive et ne songeraient guères à retourner en France, si ce n'est peut-être longtemps après, à l'approche de leur vieillesse, pour y couler paisiblement leurs derniers jours, en y apportant avec un légitime orgueil des capitaux plus ou moins considérables[1].

---

[1] Pour donner une idée de l'immensité des ressources que chacune des contrées de l'Amérique offre aux colons, il suffit de rapporter la description de M. de Humboldt au sujet du Mexique :

« Dans cette contrée, dit cet écrivain, un demi-hectare cultivé en bananes de la grande espèce peut nourrir plus de cinquante individus, tandis qu'en Europe le même terrain, en supposant le huitième grain, ne donne par an que 576 kilogrammes de farine de froment, quantité insuffisante pour la nourriture de deux individus. Aussi rien ne frappe plus l'Européen récemment arrivé dans la zone torride que l'étendue extrêmement bornée des terrains cultivés autour d'une cabane qui renferme une nombreuse famille d'indigènes. »

Voici un autre témoignage du même genre :

L'Anglais Alexander, dans ses recherches transatlantiques, parlant de la fertilité de l'Amérique du Sud, avance que celle-ci est capable de nourrir des billions d'hommes.

Toutefois ces encouragements à l'émigration, tant pour l'Algérie que pour l'Amérique, ne devraient point être permanents. On en ordonnerait la suspension dès qu'un nouveau recensement aurait constaté que la population de la France est revenue au chiffre de 34,000,000 d'habitants. Dans la suite, on remettrait ces mesures en vigueur chaque fois qu'il y aurait dans notre patrie un excédant sensible d'habitants sur ce dernier nombre.

Et certes, avec une telle population la France serait en état de parer à toutes les éventualités du dehors, surtout dans ce grand siècle où, grâce aux lumières de la civilisation, une grande partie des difficultés internationales sont résolues pacifiquement. Nos pères, malgré la guerre civile dans les provinces, malgré le carnage juridique dans la capitale, malgré même le délabrement de leurs finances, n'ont-ils pas résisté avantageusement à l'Europe presque entière avec une population de 25,000,000 d'âmes seulement; à plus forte raison la France n'aurait-elle rien à redouter avec le chiffre imposant de 34,000,000 d'habitants.

Objections contre l'utilité de l'émigration.

Un grand nombre de personnes à qui la science économique est étrangère pourraient alléguer, dans le but de combattre la nécessité prétendue de l'émigration, que diminuer le nombre des habitants d'un pays, c'est rétrécir la source des revenus publics, que plus une contrée est peuplée, plus le commerce et les manufactures peuvent prendre de l'essor, et que c'est sur le nombre des habitants que se mesure celui des troupes qu'un gouvernement peut entretenir.

Or, on sait que cette contrée ne contient encore que 16,000,000 d'âmes, c'est-à-dire qu'elle est, comparativement à son étendue, 77 fois moins peuplée que la France.

Un penseur profond va nous fournir la réponse à cette objection :

« Malheureusement, dit Say, il n'y a pas une de ces observations qui ne soit une erreur. Les revenus d'un gouvernement étant nécessairement composés soit du revenu des domaines publics, soit de ce qu'on prélève par l'impôt sur le revenu des particuliers, ne dépendent point du nombre de ceux-ci, mais de leurs richesses et surtout de leurs revenus ; or, une multitude pauvre a d'autant moins de contributions à fournir qu'elle a plus de bouches à nourrir. Le nombre des individus n'est pas ce qui contribue le plus à favoriser le commerce ; ce qui y contribue en première ligne, ce sont les capitaux et le génie des habitants. Enfin, le nombre des troupes qu'un gouvernement peut entretenir dépend encore moins de sa population que de ses revenus, et l'on vient de voir que les revenus ne dépendent point de la population. »

Autre objection. Quelques personnes pourraient encore objecter que la garantie seule, offerte aux partants, de la gratuité du voyage, depuis le lieu de leur dernier domicile en France jusqu'à leur arrivée sur le sol américain, sans adjonction de nul autre avantage, serait impuissante pour provoquer une émigration assez nombreuse, attendu que l'association centrale de colonisation pour le Brésil promet aux Français à peu près la même concession, sans pouvoir en attirer un grand nombre sur son immense territoire, doué cependant d'une prodigieuse fertilité.

Une chose certaine c'est que les employés des diverses agences d'émigration entretenus par des sociétés américaines, sont loin de jouir tous d'une réputation de parfaite intégrité dans l'opinion du peuple. Celui-ci, soit à tort, soit avec quelque raison, leur reproche de la cupidité, de la mauvaise foi, les accuse d'exploiter l'inexpérience des colons aux dépens des faibles ressources de ces derniers, et d'être parfois la cause première des malheurs subséquents qui atteignent quelques-uns d'entre eux.

Telle est apparemment une des raisons principales qui empêchent les plus timides de s'expatrier.

Avec des agents exclusivement français, connus par leur probité, soldés par l'État et placés sous la stricte surveillance des autorités locales, de semblables abus disparaîtraient totalement. Les colons, pleins de confiance dans la loyauté de leurs directeurs ou de leurs conducteurs, partiraient sans inquiétude au sujet de leur avenir et de leur voyage, surtout si on avait soin de ne confier le transport maritime qu'à des navires capables de bien abriter tous leurs passagers[1].

[1] Il se trouve des personnes qui sont étonnées qu'il y ait des colons qui débarquent sur le lieu de leur destination avec un germe de maladie. — Au mois d'octobre 1850 je me suis embarqué à Marseille, sur le *Pharamond*, un des paquebots à vapeur chargé d'entretenir les communications entre la France et l'Algérie. A bord du même navire se trouvaient un certain nombre de passagers de 1re et de 2e classe, convenablement logés dans l'intérieur du bâtiment, plus un bon nombre de jeunes soldats et de colons qui nuit et jour, en leur qualité de passagers de 3e classe, devaient demeurer sur le pont du navire pendant toute la traversée. A peine le *Pharamond* eut-il quitté le port de Marseille qu'il fut assailli par une bourrasque accompagnée de pluie. Une petite partie des colons put descendre dans l'entrepont; l'autre partie dut, faute d'emplacement intérieur disponible, rester sur le pont, ainsi que la totalité des jeunes soldats. Pendant trente-six heures que dura le mauvais temps, ces derniers colons et les jeunes soldats reçurent à la fois sur eux l'onde du ciel et celle de la mer, dont les flots écumants venaient par intervalles se briser contre les flancs du navire et rejaillir sur le pont. Les effets de ces infortunés furent bientôt littéralement trempés; quelques colons et quelques conscrits frissonnaient et se lamentaient. Or, admettez qu'une semblable traversée se fasse en plein hiver, qu'elle dure trois ou quatre jours, comme cela a dû arriver quelquefois, ou qu'elle ait lieu sur l'Océan, du Havre en Amérique; vous demanderez-vous encore pourquoi il se rencontre des colons qui au moment de leur débarquement entrent dans les hôpitaux?

Défense devrait être faite à tout navire sortant d'un port quelconque d'une nation civilisée, de recevoir plus de passagers qu'il n'en peut abriter dans ses flancs.

D'un autre côté, pour nous borner au Brésil, l'association centrale de colonisation formée en 1857, au capital de dix millions, avec un subside de trois millions du gouvernement brésilien, n'offre le passage à l'émigrant qu'à la condition imposée à ce dernier de rembourser les frais de route dans le délai de quatre ans, et avec la médiocre perspective, s'il manque de fonds, de ne pouvoir devenir que fermier, colon partiaire ou colon salarié. De plus, l'émigrant doit se laisser guider par les agents de l'association pendant tout le temps qu'il ne s'est pas liquidé envers elle, c'est-à-dire qu'en débarquant au Brésil il n'est pas libre de ses actions, de ses mouvements. Voilà certes une position sociale peu attrayante pour l'agriculteur européen qui, en s'expatriant, aspire à une existence moins triste, moins dépendante, c'est-à-dire à être lui-même propriétaire d'un terrain spacieux et fertile, cultivé par lui et par sa famille et à leur unique profit.

Que le gouvernement brésilien, puisqu'il veut s'imposer quelques sacrifices dans le but de peupler son immense territoire, porte la générosité un peu plus loin, qu'il offre, en supposant que le gouvernement français et les autres gouvernements de certains pays trop peuplés se chargeront eux-mêmes de déposer l'émigrant sur la plage américaine, qu'il accorde au colon en toute propriété un terrain en partie défriché avec une cabane et des instruments aratoires, et il verra bientôt affluer dans son empire désert des bras jeunes et vigoureux qui convertiront ses vastes et mornes solitudes en belles provinces, et qui travailleront à la fois à leur prospérité individuelle et à celle de leur patrie adoptive.

Autre objection. La population d'une contrée tendant sans cesse à s'élever au niveau de ses moyens d'existence, on pourrait encore objecter qu'une diminution sensible d'habitants dans un pays trop peuplé, devant produire un accroissement de ressources dans un grand nombre de familles de ce pays, ferait augmenter le nombre des enfants dans ces dernières, au point que les naissances combleraient au fur et à mesure le vide fait par l'expatriation , et exigeraient ainsi la mise en vigueur permanente des mesures propres à fonder l'encouragement à l'émigration[1].

Il pourrait, en effet, en être ainsi en France si on négligeait d'y propager l'instruction profane et la religion chrétienne, qui, l'une et l'autre, sont si capables d'introduire dans un plus grand nombre de familles l'ordre, la tempérance, la bonne morale, la prévoyance, etc.

Si, au contraire, on rend l'instruction religieuse et l'instruction primaire obligatoires jusqu'à l'âge de quinze ans, il est très-probable que l'encouragement à l'émigration n'occasionnera de dépenses que pendant les quinze ou vingt premières années; et même les sacrifices faits à cette intention seraient plus spécieux que réels. En effet, admettons que dans les premiers temps les prétendus sacrifices à faire pour l'émigration soient émargés au budget de l'État pour une somme annuelle de vingt millions. Cette dépense serait loin d'être sans compensation; car l'émigration pratiquée sur une échelle assez vaste aurait pour conséquence immédiate une réduction considérable du chômage. Or, celui-ci fait perdre annuellement à notre patrie une valeur au moins do vingt millions, et cette perte est aussi réelle que l'est celle d'un bâtiment dévoré par l'incendie. Donc les particuliers gagneraient par le travail ce que l'État sacrifierait pour l'émigration, et

---

[1] L'émigration, telle est l'unique raison pour laquelle, malgré les entraves suscitées à la prospérité de la nation allemande par l'existence du régime féodal, par la division du territoire et la diversité des formes gouvernementales, il y a sur le sol de la Confédération germanique bien moins d'indigents à la charge de la charité qu'il n'y en a en France. L'émigration allemande, d'abord pécuniairement encouragée par les petits souverains de ce peuple, est aujourd'hui toute spontanée et n'occasionne plus de frais aux divers États confédérés.

comme l'État ne puise ses ressources que dans celles des particuliers, il s'ensuit que la France ne perdrait rien. Au contraire, elle y gagnerait immensement; car elle ne verrait plus s'étendre le spectacle si émouvant de la misère, pour le soulagement de laquelle on dépense aussi bien des millions sans succès visible, c'est-à-dire sans que l'on puisse entrevoir une époque où il sera permis de restreindre ces sacrifices, si on se borne à pallier le mal.

Tel qu'un vent propice qui, pendant qu'une pluie abondante tombe sur les plaines d'une contrée fertile et cultivée, survient tout à coup au moment où l'arrosage céleste commence, par sa continuité, à nuire à la végétation, et pousse les nuages amoncelés vers d'autres régions desséchées, pour leur communiquer à leur tour la vie, la fécondité; telle l'émigration, après avoir laissé à un pays le nombre d'habitants nécessaire et suffisant pour le conduire vers l'apogée de sa prospérité, emporte le surplus, la partie nuisible vers d'autres contrées fécondes, mais délaissées, qui n'attendent que la présence et le travail de l'homme pour lui prodiguer ses bienfaits, ses richesses.

Oui, l'émigration limitée, c'est sans nul doute pour la France la guérison radicale d'une multitude de plaies aujourd'hui saignantes; c'est la réduction des sacrifices de la charité privée et celle des charges de la bienfaisance officielle; c'est la restriction du morcellement extrême de la propriété foncière, par le départ d'un nombre considérable de possesseurs de parcelles de terre; c'est le commerce et l'industrie prenant un nouvel essor, débarrassés l'un et l'autre des entraves que leur suscite l'étendue du paupérisme; c'est, par la diminution des bras offerts, l'élévation graduelle des salaires atteignant le niveau des besoins légitimes des ouvriers et des ouvrières; c'est la sauvegarde de l'honneur d'une foule de jeunes filles que la misère précipite dans les tourbillons du vice; c'est la destruction de la tendance progressive au célibat qui se

révèle dans plusieurs pays surchargés de population;
c'est la diminution rapide du nombre des enfants illégitimes et surtout de celui des enfants trouvés, dont la
naissance et l'abandon ont pour cause principale la pénurie des ressources, le plus puissant obstacle à la conclusion du mariage; c'est la suppression d'un nombre
considérable de délits et de crimes produits sous l'impul-
sion de la misère; c'est un sacrifice apparent fait pour
substituer la frugalité, l'amour du travail, la pratique des
vertus domestiques, à l'intempérance, à l'immoralité, à
la déplorable habitude de la mendicité et de l'oisiveté,
vices assez fréquemment engendrés par l'exercice de la
bienfaisance actuelle; c'est de la semence confiée à une
terre généreuse et féconde; c'est un bien-être solide et
durable procuré à une foule de laborieux cultivateurs et
à de braves artisans, dignes d'être l'objet de la pieuse
sollicitude de leurs concitoyens; c'est, en un mot, le calme,
le contentement, l'aisance à l'intérieur, et au dehors des
flots de bénédictions pour notre pays de la part de ces
Français émigrés, naguère voués à une existence précaire,
aujourd'hui abondamment pourvus des choses les plus
nécessaires à la vie, grâce à la générosité de leur patrie
primitive.

Conclusion.

O vous tous, qui participez plus ou moins à la direction
des affaires générales du pays, qui prêtez le concours de
vos lumières à la formation des lois, vous que votre naissance, vos talents, vos travaux et la faveur des circonstances ont placé aux diverses sommités de la nation pour
vous occuper de son bonheur, vous qui aurez un jour un
compte sévère à rendre de l'emploi de votre autorité,
unissez vos efforts pour obtenir à votre patrie l'institution
des mesures propres à répandre l'instruction primaire et
l'instruction religieuse, à créer des obstacles à l'immi-

gration, à fonder l'émigration obligatoire et surtout l'encouragement à l'émigration volontaire. Ne reculez pas devant les apparences trompeuses de quelques sacrifices, de pitié pour tant de malheureux, dans l'intérêt même de votre propre sécurité ultérieure. Craignez, redoutez ce volcan caché du paupérisme qui mine lentement le terrain placé sous vos pieds, et qui plus tard, dans une éruption subite, pourrait vous ensevelir les premiers sous sa lave brûlante.

Et vous, ministres d'une religion de paix, d'amour, de concorde et de charité, vous qui exercez une influence légitime sur les paisibles et laborieux habitants des campagnes, vous qui, en France, à quelques rares exceptions près, désirez, conformément aux préceptes du Christ, le bonheur des peuples dans ce monde comme dans l'autre, qui travaillez au soulagement des souffrances de l'indigent, tant par l'exercice de votre propre charité que par vos exhortations pressantes adressées au riche de partager son superflu avec ses frères nécessiteux, qui enfin, à chaque printemps, réunissez spécialement vos paroissiens pour que, par la ferveur de leurs prières, ils obtiennent du Tout-Puissant l'abondance des récoltes, n'oubliez pas que tous ces moyens sublimes sont aujourd'hui insuffisants pour arrêter en France le débordement des maux du paupérisme.

Si un homme riche et bienfaisant accordait gratuitement à un de ses serviteurs un vaste champ avec la permission d'en retirer pour soi tout le fruit de son travail; si ce serviteur, au lieu de cultiver le champ entier, se contentait par négligence de n'en exploiter qu'une faible partie, à qui devrait-il attribuer son infortune, si, à la suite d'une ou de plusieurs récoltes médiocres, il ne pouvait suffire à ses besoins et à ceux de sa famille?

Telle est cependant à peu de chose près la conduite d'une partie de l'humanité à l'égard du Créateur.

Le Seigneur a ordonné à la terre de produire en abondance tout ce qui est nécessaire à l'existence de l'homme; il a donné à celui-ci cette terre libérale en lui recommandant de la féconder par son travail, de la peupler et de l'exploiter entièrement, c'est-à-dire de se disséminer sur toute sa surface.

Contrairement à ce précepte divin, l'humanité s'obstine dans plusieurs pays à s'agglomérer outre mesure et à ne cultiver qu'un terrain trop limité pour contenter ses nombreux besoins, laissant inculte la plus grande partie de ses vastes domaines situés sur d'autres points du globe; est-il surprenant que le paupérisme ait acquis une extension aussi vaste dans ces mêmes contrées?

Usez donc, ministres du Christianisme, usez de vos lumières et de votre influence pour éclairer les petits cultivateurs sur leurs véritables intérêts. Dites-leur que dans ce beau dix-neuvième siècle, où la haine absurde et impie entre les religions et les nationalités tend graduellement à disparaître, dites-leur que l'attachement au sol natal doit être rationnellement subordonné à la nécessité de s'affranchir des étreintes, des angoisses, des convulsions du paupérisme et à la certitude de pouvoir se suffire largement à soi-même sous un autre ciel. Persuadez aux plus jeunes et aux plus robustes d'entre eux de se défaire de leur misérable patrimoine, et après s'être mariés, d'aller, à l'aide des ressources retirées de cette cession et à l'aide de quelques facilités concédées par l'État, s'établir dans ces régions fertiles et attrayantes où le travail ne manque pas à l'homme, mais où l'homme manque au travail, et où, au prix de quelques efforts et d'un peu de persévérance, les attend une existence honnête, agréable et prospère.

FIN.

TABLE DES MATIÈRES.

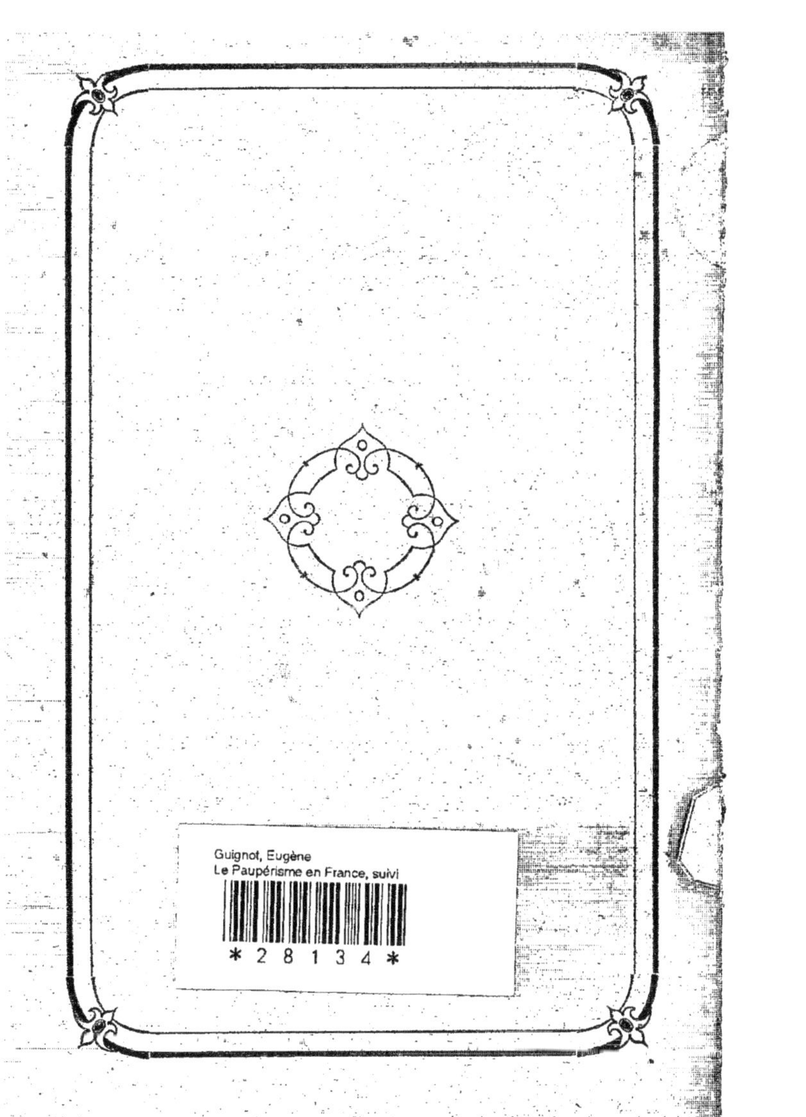